Jo-Jo 2

Lesebuch

Erarbeitet von

Ulrike Barzik
Tanja Glatz
Manuela Hantschel
Mareike Zastrow

Das hilft dir beim Lesen im Jo-Jo Lesebuch

Vorn findest du das Inhaltsverzeichnis.
Hier ist eine Übersicht aller Kapitel.
Jedes Kapitel hat einen Namen und eine Farbe.
An den Seitenzahlen erkennst du, wo ein Kapitel anfängt.

Unten auf den Seiten stehen wichtige Informationen:

das Zeichen für das Kapitel

Hinweis für eine Aufgabe in der Textwerkstatt

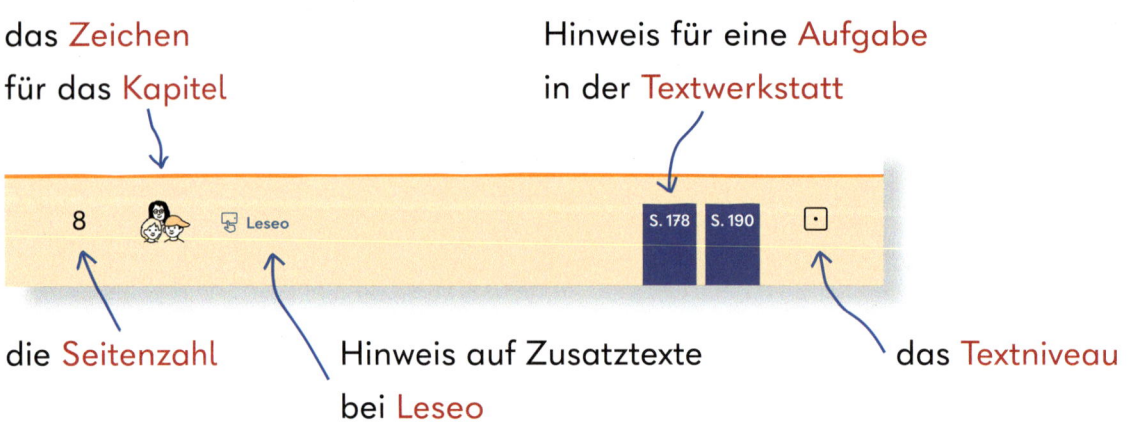

die Seitenzahl

Hinweis auf Zusatztexte bei Leseo

das Textniveau

Einige Texte stehen in zwei Spalten auf einer Buchseite.
Lies zuerst die linke Spalte. Lies danach die rechte Spalte.

Das zeigen sie dir deutlich:
15 Sie umschmeicheln dich und werden zudringlich. Sie maunzen oder schnurren.

Irgendwann möchte jedes Tier wieder seinen eignen Geschäften nachgehen.

Monika Lange

Lesehilfen

Jeder Text hat eine Überschrift.
Hier fängst du an zu lesen. ——→ **Kleine Katzen**

Kleine Katzen sind so drollig
und so wollig und so mollig,
dass man sie am liebsten küsst.
Aber auch die kleinen Katzen

Wenn du eine bestimmte Stelle
im Text suchst, hilft dir
die Zahl vor den Zeilen.

*Das ist die fünfte
Zeile des Textes.* → ⑤ haben Tatzen, welche kratzen.
Also Vorsicht! Dass ihr's wisst!

Längere Texte sind in Abschnitte
unterteilt. Nach jedem Abschnitt
ist eine Lücke. Hier kannst du
eine Lesepause machen.

Kleine Katzen wollen tollen
und wie Wolleknäuel rollen.

Abschnitt

Im Lesebuch sind Silben farbig markiert.
Das hilft dir beim Lesen längerer Wörter.

Salate

Zebrastreifen

Auch die wörtliche Rede ist
oft farbig. So erkennst du,
wer etwas sagt.

Fragt der Lehrer:
„Joshua, was hatten wir gestern auf?"
Joshua überlegt einen Augenblick
und sagt dann: „Sie gar nichts
und ich eine Baseballkappe."

Der Hund Jojo begleitet dich auf jeder
Schnupper-Seite. Hier kannst du schon sehen,
worum es im Kapitel geht.

Hier geht's
lang!

 **Schnupper-Seite: Miteinander**

Haus

😊 Das kann ich schon:
mich in Texten und Büchern
zurechtfinden

Inhalt

- **Miteinander** — 6
- **Im Herbst** — 20
- **Tiere** — 32
- **Fantasie-Figuren** — 46
- **Im Winter** — 58
- **Zeit vergeht** — 72
- **Das bin ich** — 82
- **Ich mache mit** — 96
- **Im Frühling** — 106

 **Hör mal** 118

 **Natur entdecken** 130

 **Alle nutzen Medien** 138

 **Im Sommer** 150

 **Wir lesen Bücher** 160

Textwerkstatt 172

Lesestrategien 194

Inhaltsverzeichnis 199

Miteinander

Klara schreibt mit blauer Tante

Im Land der rasenden Vokale,
da geht Klara in die Schale.

Im Walde hoppeln Osterhosen,
am Strand hört sie die Wolle tosen.

Und auf der Wiese, schau: Ein kleines Schief!
Sie schreibt mit blauer Tante einen Brief.

Ein Vokal ist ein Selbstlaut.

Der König setzt sich seine Kräne auf den Kopf,
die Oma deckt den Dackel auf den Topf.

Man isst gern Fischstübchen und wenn's heiß ist: Eis am Stuhl.
Man liegt in Badehasen dann am Swimmingpool.

Und Klara badet auch im kühlen Buch.
Am Freutag kommt die Tinte zu Besuch.

Text: Andrea Schomburg / Bilder: Kai Pannen

▷ Strategiefilm

Schnupper-Seite: Miteinander

Haus
Hausaufgaben
Hausaufgabenheft
Hausaufgabenhefteintrag

Schulkinder
Kinderbuch
Buchregal
Regalbrett
Brettspiel
Spieldose

Eins, zwei, drei
Im Wasser schwimmt ein Hai
Im Urwald liegen Schlangen
Und du musst fangen.

Aus i wird a!

Ine, mine, mink, mank
kling, klang,
Hose, pose, pakke di,
Eier, weier, wekk.

▷ Lesen mit Unterstützung S. 178 S. 190

 -Dose

 -Meister

 -Schule

Eriks Schulmorgen

An diesem Morgen hat nur Pech.

Zuerst klingelt der  nicht.

An seiner  fehlt ein .

Im Bad landet  auf

seinem .

Auf dem Weg in die  trifft er

seine Freundin .

So wird es doch noch ein guter Tag.

Das ist Erik.

Das ist Sarah.

Hast du so etwas auch schon erlebt?

Henriette rockt die Halle

Der Reifen vom Roller ist platt und heute ist Sporttag in der Schule.
„Wir kommen zu spät", jammert Eddy.
Er ist als Lehrer noch ganz neu und will keinen Ärger.
Vor allem nicht mit der Klappeisen.
5 Frau Klappeisen ist die Rektorin und Eddy,
den mag sie nicht, weil er Henriette mitbringt.
Die Klappeisen findet Tiere in der Schule unmöglich.
„Wir sind kein Zoo!", sagt sie immer.

Aber die Leute vom Schulamt wollen, dass Henriette im Unterricht hilft.
10 Die Rektorin muss noch viel lernen, um eine gute, nette Lehrerin
zu sein, glaubt Henriette.
„Wer so laut bellt, hat Angst", weiß sie.
„Das gilt auch für Zweibeiner."
Am liebsten würde sie die Klappeisen
15 in eine Hundeschule für bissige Hunde schicken.

Auf die Minute pünktlich kommen Eddy und Henriette
an der Turnhalle an.
„Halt!", schreit die Klappeisen.
Sie zeigt auf ein Schild an der Wand: „Hallenschuhe!"
20 Henriette hebt ein Bein und streckt es der Rektorin entgegen.
„Ich lass die Pfoten immer an. Die sind sauber
und rutschfest sind sie auch!"

„Henriette hat keine Hallenschuhe", schnauft Eddy.
„So was gibt es gar nicht für Hunde."
„Mir egal! Pfoten sind Pfoten und keine Hallenschuhe!
Und Hunde müssen draußen warten!"

Damit sind die Kinder aber ganz und gar nicht einverstanden.
„Henriette soll bleiben", ruft Selma und setzt sich auf den Boden.
Haya verschränkt die Arme und hockt sich neben Selma.
„Wir streiken, wenn sie raus muss."
„Ich verzieh mich", brummt Henriette. Aber Lotti hält sie zurück.
Sie zeigt auf den großen Schuhberg im Geräteraum.
„Guck, alles vergessene Schuhe. Such dir welche aus!"

Henriette steigt mit den Vorderpfoten in die Ringe.
Mit den hinteren Pfoten nimmt sie Anlauf.
Sie schwingt in die Luft und winkt mit den Ohren.
„Juhuuuu", jubelt Henriette.
„Juhuuuuuu", rufen die Kinder und rennen neben ihr her.
Im größten Schwung lässt Henriette los ...
und landet elegant auf ihren Pfoten.

Britta Nonnast

Ein Schulmorgen mit Kalle

Jette ist 7 Jahre alt und geht in die Klasse 2b, die Hundeklasse.
In ihrer Klasse gibt es etwas Besonderes:
Der Schulhund Kalle begleitet die Kinder am Morgen im Unterricht.

Wer ist Kalle?

Jette: Kalle ist 6 Hundejahre alt.
Er ist ein Labradoodle und hat ganz weiches, weißes Fell.
Kalle kann Männchen machen, eine Acht laufen und Pfötchen geben.

Wie beginnt euer Tag mit Kalle?

Jette: Am Morgen darf immer ein Kind Kalle in den Klassenraum
bringen und ihn von der Leine losmachen.
Ein anderes Kind füllt Kalle Wasser in seinen Trinknapf.
Im Erzählkreis hört Kalle aufmerksam zu.
Wenn wir lernen, läuft Kalle durch die Klasse
und wir dürfen ihn streicheln.

Was ist toll an Kalle?

Jette: Ich finde es toll, dass Kalle immer
mithilft, wenn es in der Klasse leise werden soll. Dann bellt er.
Außerdem ist Kalle prima im Sachen holen und suchen.
Wenn ich wütend oder traurig aus der Pause komme,
streichele ich Kalles weiches Fell.

Schulwitze

Fragt der Lehrer:
„Joshua, was hatten wir gestern auf?"
Joshua überlegt einen Augenblick und sagt dann:
„Sie gar nichts und ich eine Baseballkappe."

Erhard Dietl

„Na, wie war der erste Schultag?", fragt Olchi-Mama beim Matschsuppe-Abendessen.
„Hat alles geklappt?"
„Ich glaube nicht", sagt das Olchi-Kind.
„Wir müssen morgen nochmal hin."

Erhard Dietl

Buchstabenklau

Ohne C naht die Nacht.
Und in der Küche stehen ...

Ina Hattenhauer

Schulwege in anderen Ländern

Wenn du dich morgens auf den Weg zur Schule machst, nimmst du wahrscheinlich den Bus, fährst mit dem Fahrrad oder wirst von deinen Eltern mit dem Auto gebracht. Aber stell dir einmal vor, du würdest unterwegs einem Elefanten
5 begegnen oder auf einem Pferd zur Schule reiten! Für dich mag das abenteuerlich klingen, für Kinder in Indien oder Argentinien ist das jedoch Alltag.

Manche fahren in Fahrradrikschas durch die großen Städte Indiens,
10 andere paddeln im tiefsten Dschungel von Papua-Neuguinea mit dem Boot zur Schule oder fahren mit der Seilbahn über die Schweizer Berge.
15 Während einige Kinder nur kurze Zeit mit dem Schulbus unterwegs sind, brauchen andere länger als eine Stunde, bis sie in ihrer Schule ankommen.

Lena Kathinka Schaffer

Wie sieht dein Schulweg aus?

Schule in Argentinien

Meist beginnt der Unterricht morgens um halb acht,
und auf dem Land dauert er nur bis mittags.
Alle Kinder tragen eine Schuluniform.
Bei den Grundschülern ist das ein dünnes, weißes Mäntelchen.
5 Zuerst versammeln sich alle in der Aula,
wo die argentinische Flagge gehisst und die Nationalhymne
gesungen wird. Argentinier sind sehr stolz auf ihr Land
und ganz besonders auf ihre erfolgreichen Fußballspieler.

Das Verhältnis zwischen Lehrern und Schülern ist kameradschaftlich.
10 Man begrüßt sich mit einem Küsschen auf der Wange.
Ihre Lehrer nennen die Schüler *profe*,
eine freundschaftliche Abkürzung von *profesor*.

Die Schule auf der Estancia ist klein und hat nur sehr wenig Schüler.
Valentina hofft, dass sie hier trotzdem so viel lernt,
15 dass sie eines Tages auf die Oberschule
in der nächsten Stadt gehen kann.
Denn so schön das Leben
für Kinder auf dem Land auch ist –
Valentina möchte später keine Kühe hüten.
20 Sie träumt vom Leben in der weit entfernten
Hauptstadt Buenos Aires.
Vielleicht wird sie dort eines Tages eine berühmte Tango-Tänzerin.

Lena Kathinka Schaffer

Schule	– escuela
Kinder	– niños
lernen	– estudiar
Schulweg	– camino a la escuela

Schulbus

Schulbus, Schulbus
Jeden Morgen treff ich dich
Schulbus, Schulbus
Und manchmal wart' ich lang auf dich
5 Schulbus, Schulbus
Und ist die Schule aus
Dann steig ich ein und freu mich schon
Auf meine Fahrt nach Haus
Dann steig ich ein und freu mich schon
10 Auf meine Fahrt nach Haus

Jeden Morgen muss ich aufstehen
Oh, wie blöd!
Sonst verpass ich meinen Bus
Und komm zu spät
15 Doch ich mag nun mal nicht rennen
Oh, nein, nein!
Lieber steig ich langsam und gemütlich ein

Schieben, Schubsen, Meckern, Motzen
Finde ich zum oh-la-la-la

20 Schulbus, Schulbus.

Rolf Zuckowski

Schulregeln

Trifft man auf dem Schulweg ein Schwein,
schläft man in der ersten Stunde ein.

Trifft man auf dem Schulweg eine Katze,
kriegen alle Lehrer Glatze.

Trifft man auf dem Schulweg ein Krokodil,
kriegt man gratis Eis am Stiel.

Trifft man auf dem Schulweg einen Floh,
muss man zu Hause gleich aufs Klo.

Heinz Janisch

Freunde

Freunde braucht man für tausend Sachen.
Freunde braucht man, um Quatsch zu machen.
Freunde sind da, heute und morgen.
Wer einen Freund hat, der hat halb so viel Sorgen.
Eine Freundin geht mit auf Abenteuer.
Zusammen verjagt man die Ungeheuer
und spielt gemeinsam Drachenschwanzjagen,
dann scheint die Sonne sogar an Regentagen.

Lea Hector

Denni, Klara und das Haus Nr. 5

Als Klara am nächsten Tag aus der Schule kam,
saß Denni auf der Treppe und summte ein Lied.
Das kannte Klara schon von gestern.
Es klang schön und einfach. Einfach schön.
5 Es hatte nicht viele Töne und
ging immer wieder von vorne los.
Und dann nochmal.

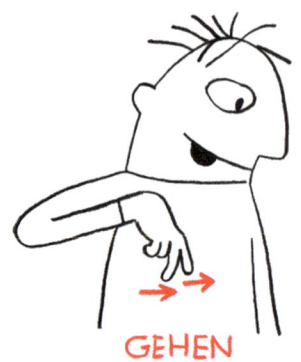

Als Denni Klara sah, sprang er auf.
Seine Augen hüpften wieder vor Freude
10 in seinem Gesicht herum.
Klara dachte: Ja, sie können tanzen,
richtig tanzen.

Sie sprangen die Treppe hoch.
Denni wäre beinahe mit vollem Karacho
15 in Frau Miera gerast.
Die schrie laut „Huch!"
Denni strahlte Frau Miera an und
rief immer wieder „Huch! Huch! Huch!"

Man kann auch ohne Worte sprechen.

Als Denni gar nicht mehr
aufhören wollte HUCH zu rufen,
öffnete sich die Tür von Frau Schönegans.
Sie steckte ihr graues, spitzes Gesicht
durch den Spalt.
„So einer hat uns hier gerade noch gefehlt!"
Und dann schloss sie
mit einem lauten Knall die Tür.

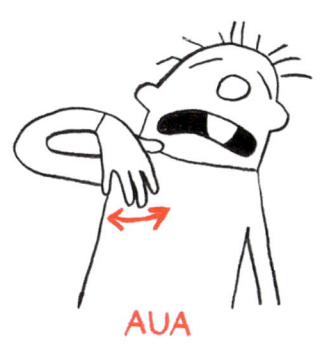
AUA

Frau Miera tippte sich an die Stirn und sagte:
„Was weiß die denn schon vom Leben?
Das Leben hat Platz für alle."
Das kapierte Klara nicht so richtig,
aber sie tippte sich auch an die Stirn
und Denni sofort auch.
Sie flüsterten alle drei
wie Verschwörer um Mitternacht:
„Das Leben hat Platz für alle."

Brigitte Werner

HELFEN

FERTIG

HABEN

Das ist Willi.
Willi ist ein ganz besonderes Kind.
Ein bisschen so wie Denni.
Willi liebt das Leben.
Und das Leben liebt Willi zurück.

Birte Müller

19

Im Herbst

Tripp Tripp Tropf

Petronella Apfelmus musste ihren Hexenhut festhalten.
Ein eisiger Wind pfiff durch den Garten,
und dunkle Wolken entluden ihre nasse Fracht
über dem Müllerhaus.
5 „Was für ein scheußliches Wetter!", schimpfte die Apfelhexe
und patschte mit ihren Gummistiefeln durch eine große Pfütze.

Gleich darauf stand sie vor Gurkenhuts Haus.
Der Chef der Apfelmännchen wohnte
zwischen den Wurzeln eines knorrigen Apfelbaums.
10 Petronella klopfte an die hölzerne Tür.

„Petronella!", rief der Apfelmann erstaunt.
„Hat dich der Regen aus deinem Apfel gespült?"
„So ungefähr", grummelte Petronella.
„Darf ich reinkommen?"

15 „Natürlich!" Gurkenhut trat einen Schritt zur Seite.
„Ich habe den Ofen angeheizt."
Der Apfelmann ging in die gute Stube.
„Erzähl, was dich bei diesem Wetter
vor die Tür getrieben hat."

20 Petronella setzte sich und
hielt ihre klammen Hände dicht vor den Ofen.
„Ach, tut das gut", seufzte sie.
„Stell dir vor. Ein dicker Ast hat ein Loch
in mein Apfelhaus geschlagen.
25 Jetzt regnet es ins Wohnzimmer.
Ich habe meinen Hexenkessel
unter die undichte Stelle geschoben,
aber der ist schon zweimal übergelaufen.
Wenn es so weiterregnet,
30 wird aus meinem Apfel
noch ein Aquarium."

Sabine Städing

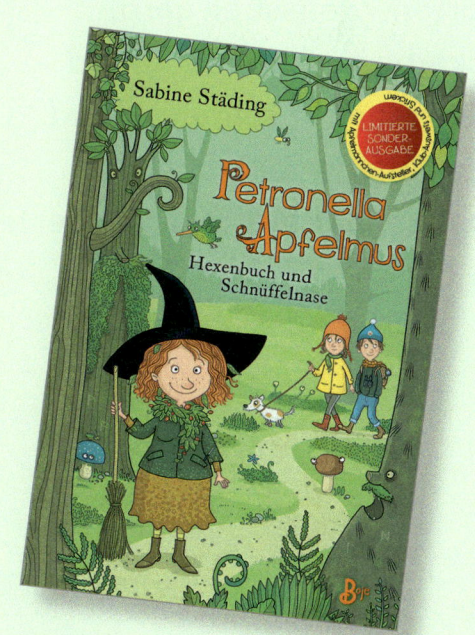

Schnupper-Seite: Im Herbst

Tiere im Herbst

Ein kühler Herbstwind fegt durch den Garten.
Jetzt, im Oktober, werden die Tage kürzer,
und die Sonne lässt sich immer seltener blicken.
Viele Tiere fangen an, sich auf den Winter vorzubereiten.
Zugvögel treten in dieser Zeit den Weg in Richtung Süden an.
Andere Tiere im Garten sind eifrig auf der Suche
nach Futter und einem trockenen Platz zum Überwintern.

Jana Walczyk

Der Regenwurm

Du kennst den braven Herrn?
Gartenerde isst er gern.
Ackerboden, Wiesengrund –
Alles mundet seinem Mund.
Alles kaut er bröselfein
So frisst der Wurm sich querfeldein.

Josef Guggenmoos

Aus W wird K!

Der Herbst kommt über uns

Auf leisen Sohlen
schleichen Wind und Herbst heran
wie Katzen.
Die Felder,
die sind schlecht rasiert,
die Bäume tragen Glatzen.
Der Nebel verschluckt
die halbe Welt
und wird doch niemals platzen,
die Sonne schweigt,
ihr Mund ist still
es tschilpen nur
die Spatzen.

Horst Samson

Ich geh' mit meiner Laterne

Ich geh' mit meiner Laterne
Und meine Laterne mit mir.
Da oben leuchten die Sterne,
Hier unten, da leuchten wir.
Ein Lichtermeer zu Martins Ehr',
Ra-bimmel, ra-bammel, ra-bumm.

Volksgut

Regenwurmtage

Die Straße ist nass.
Plötzlich macht Ida eine Entdeckung.
Da kringelt sich ein graurosa Regenwurm
auf dem Gehweg in einer Pfütze.
5 Sie beobachtet den Regenwurm eine Weile.
Er will sich vergraben.
Aber dort, wo er liegt, kann er das nicht:
auf dem Asphalt in einer kleinen Wasserpfütze.

Eigentlich mag Ida lieber Tiere mit einem weichen Fell, so wie Flori.
10 Der hat ein wunderbares weiches, wuschelig gelbes Fell.
Aber Tiere sind Tiere, denkt sie, und der Regenwurm braucht Hilfe,
auch ohne Fell. Er ertrinkt sonst in der Pfütze.
Regenwürmer gehören in die Erde, das weiß Ida.
Also nimmt sie den Wurm vorsichtig mit den Fingern hoch.
15 Der Wurm ringelt sich und zappelt.
Sie versucht den Wurm nicht zu sehr zu drücken.
Das ist gar nicht so einfach mit dem Regenwürmerretten.
Sie setzt ihn in den Vorgarten und sieht zu,
wie er sich eilig in die Erde vergräbt.

Antje Damm

Hört Ihr die Regenwürmer husten?

Hört Ihr die Regenwürmer husten? *(zweimal husten)*
Wie sie durchs dunkle Erdreich zieh'n.
Wie sie sich winden, um zu verschwinden,
auf nimmer, nimmer Wiederseh'n.
5 Und wo sie waren, da ist ein Loch, Loch, Loch.
Und wenn sie wiederkommen, ist es immer noch, noch, noch.
Hört Ihr die Regenwürmer lachen? *(haha, haha)*
Wie sie durchs dunkle Erdreich zieh'n.
Wie sie sich winden, um zu verschwinden,
10 auf nimmer, nimmer Wiederseh'n.
Und wo sie waren, da ist ein Loch, Loch, Loch.
Und wenn sie wiederkommen, ist es immer noch, noch, noch.

nach Georg Christian Dieffenbach

*Ihr könnt auch noch andere Verben einsetzen,
wie kichern (hihi, hihi)
oder trampeln (polter, polter)
oder niesen (hatschi, hatschi).*

Hörverstehen

Tiere bereiten sich auf den Winter vor

Wenn der Sommer zu Ende geht und es kälter wird, haben die Tiere allerhand zu tun. Sie bereiten sich auf den Winter vor: Sie sammeln Heu, Stroh und Blätter für ihre Erdhöhlen oder für hohle Baumstämme. Daraus bauen sie sich ein bequemes Nest. Manche verschlafen den langen Winter, andere sammeln Futtervorräte.

Das Eichhörnchen

Eichhörnchen decken sich bereits im Frühherbst
mit Vorräten für den Winter ein.
Sie sammeln Nüsse, Zapfen, Kastanien,
Pilze, Beeren und Schnecken
und nagen Rinde von Bäumen an.
Sie vergraben ihren Vorrat
dicht unter der Erdoberfläche im Boden
oder verstecken ihn in Rinden oder Astgabeln.
Ihr guter Geruchssinn hilft den Eichhörnchen,
ihren Vorrat im Winter wiederzufinden.

Die Haselmaus

Zum Schutz vor Frost und Kälte
hat sich die Haselmaus bereits ihr Winternest
in einem Erdloch eingerichtet
und es mit Gräsern ausgepolstert.
Nachdem sie sich im Frühherbst
reichlich Winterspeck angefuttert hat,
hat sie nun das Geäst verlassen
und hält hier einen langen Winterschlaf.

*Auch in der Vogelwelt steht im Herbst
eine Veränderung an.
Während die Zugvögel in den Süden reisen,
um die kalten Monate an warmen Orten zu verbringen,
gibt es Vögel, die den Winter über hierbleiben.*

Der Eichelhäher

Der Eichelhäher mag Eicheln
besonders gerne
und versteckt davon unzählige
im Waldboden.
Bis zu 10 Eicheln passen in seinen
Kehlsack.

Die Elster

Die schlaue Elster versteckt
ihre Nahrung im Boden,
um sie vor den anderen Vögeln
zu schützen.

Jana Walczyk

Herbst

Die schwarzen Krähen krächzen,
die kahlen Äste ächzen
im Wind.
Ich sehe einen Drachen,
ich hör ein Kinderlachen
im Wind.

Georg Bydlinski

Blätterfall

Langsam fällt jetzt Blatt für Blatt
von den bunten Bäumen ab.
Jeder Weg ist dicht besät,
und es raschelt, wenn ihr geht.

Erna Fritzke

Blättermonster-Bild

Du brauchst:
- bunte Herbstblätter
- Pappteller
- Deckfarbe und Pinsel
- Kleber

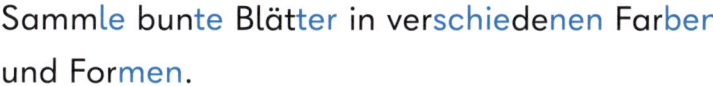

Sammle bunte Blätter in verschiedenen Farben und Formen.
Zum Pressen legst du sie zwischen zwei Zeitungsseiten oder zwischen Küchenkrepp.
Obenauf kommen dicke Bücher zum Beschweren.
Nach einigen Tagen sind die Blätter trocken und du kannst mit ihnen basteln.

Male den Rand des Papptellers an. Das ist der Rahmen von deinem Blättermonster-Bild.
Färbe dann den Hintergrund des Tellers in einer anderen Farbe.

Wenn die Farbe getrocknet ist, klebe die Blätter auf und gestalte mit verschiedenen Blättern dein Blättermonster.

▷ Sachfilm

Sankt Martin

Rollen: Erzähler, Martin, Bettler

Erzähler: Soldat Martin nimmt sein Pferd und reitet durch die Dunkelheit.
Martin: Huuh! Ist das kalt!
Erzähler: Vor der Stadtmauer hockt ein Bettler und friert.
Bettler: Hilfe, Hilfe!
Erzähler: Martin bleibt stehen.
Bettler: Ich bin so hungrig. Hast du etwas zu essen für mich?
Martin: Nein, ich habe nichts.
Bettler: Hast du etwas zu trinken für mich?
Martin: Nein, leider auch nicht.
Bettler: Mir ist so entsetzlich kalt!
Erzähler: Martin überlegt. Dann zieht er seinen Mantel aus, nimmt sein Schwert, teilt den Mantel in zwei Hälften, gibt dem Bettler eine Hälfte und reitet davon.
Bettler: Habt Dank, mein Herr! Habt tausend Dank!
Erzähler: Martin träumt, dass der Bettler in Wirklichkeit Jesus ist. Nun will Martin kein Soldat mehr sein. Er wird Mönch und hilft Kranken und Armen.

Jessika Biesemann

Warum gibt es Laternenumzüge?

Bald war Martin in der ganzen Gegend
wegen seiner Nächstenliebe und Hilfsbereitschaft
bekannt. Daher wollten die Menschen,
dass er ihr neuer Bischof wird. Aber Martin
war viel zu bescheiden und er versteckte sich
in einem Gänsestall. Die Leute suchten überall
nach ihm – als es dunkel wurde, auch mit Laternen.
Da fingen die Gänse so laut an zu schnattern,
dass man Martin fand.
Am 11. November im Jahr 394
wurde Martin beerdigt,
und zur Erinnerung an ihn
ziehen Kinder jedes Jahr an diesem Tag
mit selbst gebastelten
Laternen durch die Straßen
und singen Martinslieder.

Hermien Stellmacher

Habt ihr schon einmal an einem Laternenumzug teilgenommen?

Tiere

Platz ist in der kleinsten Hütte

Wir wohnen in einer großen Stadt.
Nur unsere Wohnung ist klein.
„Viel zu klein für ein Haustier", sagen Mama und Papa.
Ich sage: „Platz ist in der kleinsten Hütte."
Und das stimmt auch.

Manche Tiere sind nämlich ...
... schön flach.

Andere wohnen ...
... in luftiger Höhe.

▷ Strategiefilm

Im Sommer braucht kein Mensch ...
... eine Badewanne.

Und im Winter ist ...
... viel Platz auf dem Balkon.

Und Eltern haben ...
... immer ein Plätzchen frei.

Leider sagen Mama und Papa trotzdem noch Nein.

Text: Rieke Patwardhan / Bilder: Katja Gehrmann

Schnupper-Seite: Tiere

Das tierische Wörterbuch

Der Hund bellt: WAU
Finnisch: HAU
Polnisch: CHAU

Die Katze miaut: MIAU
Malaysisch: NGIAU
Lettisch: NAU

Der Vogel zwitschert: TSCHIRP
Bosnisch: ČIV
Rumänisch: CIRIP

Französisch: COCORICO
Schwedisch: KUCKELIKU
Isländisch: GAGG-A-LA-GU

Lila Prap

Und wer macht so?

Garfield

DACHTE ICH MIR'S DOCH

Ein Käfig

EIN KÄFIG
Wassernapf, Futternapf
EIN BESSERER KÄFIG
Wassernapf, Futternapf, Schaukel
DER BESTE KÄFIG
eine geöffnete Tür

Walther Petri

Welche Tiere sind hier versteckt?

ATZKE   STAHEMR   DUHN

EIPPAGA   SAMU

Aus a wird o

Mein Haustier

Ich wünschte,
ich hätte ein ganz besonderes Haustier,
ein Haustier, das sonst niemand hat.
Zum Beispiel ein Nashorn.
Ich glaube, ich würde es Nico nennen.
Nico, das Nashorn.

Raf

Und dein ganz besonderes Haustier?

Ist das dein Nashorn?

Dürfen wir es streicheln?

Ja, natürlich.

„Bitte streicheln!"

Es gibt regelrechte Schmusehunde
Sie kuscheln sich an dich oder
legen sich vor dir auf den Rücken.
„Ich bin so lieb. Streichle mich!",
5 soll das heißen.
Sie drehen sich so, dass du an jede
ihrer Lieblingsstellen drankommst.
Die sind bei jedem Hund woanders.
Ausprobieren!

10 Katzen lassen sich von einem
Menschen, dem sie vertrauen,
gerne streicheln – wenn sie
in Stimmung dafür sind.
Das zeigen sie dir deutlich:
15 Sie umschmeicheln dich und
werden zudringlich. Sie maunzen
oder schnurren.

Das Meerschweinchen macht
ganz seltsame Geräusche,
20 es klingt wie eine
tuckernde Nähmaschine.
Das Tuckern ist ein
Wohlfühl-Geräusch.
„Ja, mach weiter", heißt das,
25 wenn du das Schweinchen
gerade streichelst.
„Jetzt langt's."
Das meint ein Kaninchen oder
Meerschweinchen, wenn es
30 deine Streichelhand wegstupst.

Irgendwann möchte jedes Tier
wieder seinen eignen Geschäften
nachgehen.

Monika Lange

Kleine Katzen

Kleine Katzen sind so drollig
und so wollig und so mollig,
dass man sie am liebsten küsst.
Aber auch die kleinen Katzen
5 haben Tatzen, welche kratzen.
Also Vorsicht! Dass ihr's wisst!

Kleine Katzen wollen tollen
und wie Wolleknäuel rollen.
Das sieht sehr possierlich aus.
10 Doch die kleinen Katzen wollen
bei dem Tollen und dem Rollen
fangen lernen eine Maus.

Kleine Katzen sind so niedlich
und so friedlich und gemütlich.
15 Aber schaut sie richtig an:
Jedes Sätzchen auf den Tätzchen
hilft, dass aus dem süßen Kätzchen
mal ein Raubtier werden kann.

James Krüss

Der faule Kater Josef

Der faule Kater Josef war ein äußerst beschäftigter Kater.
Er verfolgte von früh bis spät einen Zeitplan,
an dessen Ende er stets restlos und völlig erschöpft war.

10.02 – 11.02 Uhr	Waschen
11.03 – 11.30 Uhr	Körperpflege 1
11.31 – 12.20 Uhr	Frühstück
12.21 – 14.32 Uhr	Verdauungsschläfchen
14.33 – 15.15 Uhr	Bildungsprogramm
15.16 – 16.00 Uhr	Gehirnentspannung
16.01 – 17.00 Uhr	Mittagessen
17.01 – 17.30 Uhr	Verdauungsschläfchen
17.31 – 17.35 Uhr	Gymnastik
17.36 – 17.59 Uhr	Körperpflege 2
18.00 – 19.00 Uhr	Imbiss mit Kaffee und Kuchen
19.01 – 20.00 Uhr	Bildungsprogramm
20.01 – 20.15 Uhr	Aufräumen
20.16 – 21.15 Uhr	Abendbrot
21.16 – 21.43 Uhr	Körperpflege 3
21.44 – 22.45 Uhr	Bildungsprogramm
22.46 – 00.15 Uhr	Bildungsprogramm
0.16 Uhr	Schlafen

*Text und Bilder:
Franziska Biermann*

Pippa Pepperkorn

Als Pippa aufwacht, donnert es.
„Juhu!", ruft sie, „das ist mein Tag, Edison!
Weil es gewittert! Da kann man Lärm machen, so viel man will."
Sie nimmt ihre weiße Ratte aus dem Käfig.
5 Sie drückt Edison einen Abschiedskuss
auf die kleine rosa Schnauze und springt nach draußen.
„Alter Falter!", ruft jemand.
„Anton!" Pippa freut sich, Anton zu treffen.
„Was hast du denn da?", fragt sie.
10 „Na, Milva", antwortet Anton.
„Stimmt ja – die Haustier-Wochen!"
Jeden Tag darf ein anderer sein Haustier in die Schule mitbringen.
„Aber warum muss deine Katze in einem Korb sitzen?", fragt Pippa.
„Na weil sie sicher nicht freiwillig zur Schule geht, Alter."
15 „Sag das nicht! In Amerika finden Katzen Schule toll.
Jede Katze hat mindestens zwei oder zehn Jahre Unterricht
und lernt Fremdsprachen wie Krähen und Bellen.
Ich hatte mal einen Kater, der fließend wiehern konnte.
Er hat dann auch ein Pferd geheiratet. Ist das nicht verrückt?"
20 Anton nickt. Das ist verrückt. Pippa ist verrückt!

Anton beginnt sein Referat.

„Ein Katzenjahr ist so lang wie sieben Menschenjahre", sagt er.

Deshalb ist Milva als Mensch erst zehn, aber als Tier schon 70.

Genauso alt wie meine Oma.

Jeden Morgen schleckt sie sich mit der Zunge sauber."

„Die Arme!", ruft Pippa dazwischen. „Hat deine Oma keinen Waschlappen?"

Anton zeigt Pippa einen Vogel. „Ich mein doch die Katze! Nicht meine Oma!"

„Und was frisst deine Katze so?"

„Na Katzenfutter", antwortet Anton.

Zum Dank fängt sie uns Mäuse und Vögel

und legt sie uns als Geschenk vor die Tür."

„Gut. Danke, Anton", sagt Frau Tabak. „Dann ist als nächstes Emil dran."

„Ich hab einen Pudel", piepst Emil.

„Er kann mit den Augen blinzeln und den Kopf drehen.

Außerdem kann er bellen und die Füße umklappen."

„Die Füße umklappen?", fragt Frau Tabak verdutzt. „Ein Pudel?"

„Na ja...", Emil zögert, „Kein echter. Er kann schon laufen.

Aber nur mit Batterie..."

Die Lehrerin schüttelt den Kopf.

„Du hast also kein Haustier", stellt sie fest.

Emils Augen fangen an zu glitzern wie ein Sommersee.

Pippa ruft schnell: „Stopp! Emil hat sehr wohl ein Haustier.

Vielleicht nicht heute, aber auf jeden Fall morgen..."

Charlotte Habersack

Kakadu und Papagei

Herr Kakadu Herr Papagei
die stritten sich um u und ei
sie hackten sich und packten sich
und flatterten und schnatterten:
5 du Papagu!
du Kakadei!
   du Geipaka!
du Dupaga!
   du Geipudu!
10 du Dukapa!
   du Dupagei!
du Pakadu!
   du Geipaka!
du Dupadu!
15   du Pakapa!
du Geidudu!
am Ende waren sie abgehetzt
und beide schauten tief entsetzt
das u das beulte sich zum o
20 das ei war platter als ein au
in Zukunft stritt Herr Kakado
sich nie mehr mit Herrn Papagau

Jan Koneffke

Ohne Worte

Tatsächlich versteht der Hund seinen Herrn viel besser als jedes andere Tier.
Die Vierbeiner kennen im Durchschnitt 30 Wörter,
sogar Blicke und Fingerzeige können sie richtig deuten.
Darum vor allem sind diese Tiere bei uns so beliebt – und zu so vielem fähig.
5 Hunde hüten Schafe und bewachen Anwesen.
Man hat sie dazu ausgebildet,
Überlebende unter Trümmern zu finden.
Sie dienen Blinden als Auge und leihen seelisch Kranken ihr Ohr.

Doch: Die allermeisten der geschätzt 500 Millionen Hunde weltweit
10 haben heute nur noch eine Aufgabe: ein wolliges Knäuel zum Kuscheln zu sein
und ein Gefährte, der sein Herrchen und Frauchen überallhin begleitet.

Verbringen Hund und Herrchen sehr viel Zeit miteinander,
werden sie sich mit den Jahren immer ähnlicher,
wie Forscher herausgefunden haben.
15 Die „Paare" formen ähnliche Gesichtsausdrücke
und leiden manchmal sogar unter den gleichen Krankheiten.

GEOlino.de

Tante Emmas Goldfische

Tante Emma hat vier Goldfische.
Sie schwimmen in einem großen runden Glas.
Tante Emma hat ihre Fische gern.
Wenn sie allein ist,
5 redet sie ununterbrochen mit ihnen.
Ob die Fische Tante Emma auch so mögen,
wissen wir nicht.
Sie können ja nicht reden.

Wenn wir sie besuchen,
10 bringen wir immer etwas für ihre Fische mit:
ein Päckchen Wasserflöhe.
Die armen Goldfische tun mir schon leid.
Warum sollten sie nur Wasserflöhe fressen?
Wiener Würstchen würden ihnen sicherlich viel besser schmecken.

15 „Was meinst du", fragte ich eines Tages meine Schwester Klara,
„sollten wir nicht beim nächsten Mal zwei Wiener Würstchen
für Tante Emmas Goldfische mitbringen?" Klara machte große Augen.
„Meinst du, sie werden sie fressen?"
„Warum denn nicht?"
20 „Ich habe noch nie Goldfische gesehen, die Wiener Würstchen fressen.
Vielleicht mögen sie sie nicht."
„Weil niemand sie damit gefüttert hat!", sagte ich und fragte:
„Magst du Wiener Würstchen?"
„Gern!"
25 „Ich mag sie auch! Warum sollten dann die Goldfische
keine Wiener Würstchen fressen?
Ich wette, sie werden sich riesig freuen.
Und Tante Emma auch!"

Dimiter Inkiow

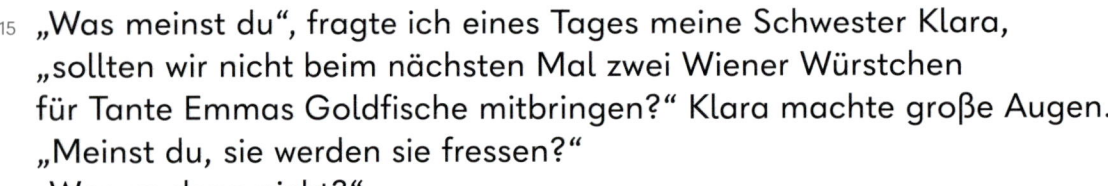

Welches Tier passt zu mir?

Wer sich ein Tier anschaffen möchte, muss prüfen, ob er genügend Geld, Platz und Zeit hat.

Das kann ich schon: Schaubilder lesen

Wellensittich
Lebenserwartung:
etwa 10 bis 12 Jahre
Zeitfaktor:
Platzfaktor:
Geldfaktor:
Kuschelfaktor:

Schildkröte
Lebenserwartung:
etwa 70 bis 80 Jahre
Zeitfaktor:
Platzfaktor:
Geldfaktor:
Kuschelfaktor:

Wüstenrennmaus
Lebenserwartung:
etwa 2 bis 3 Jahre
Zeitfaktor:
Platzfaktor:
Geldfaktor:
Kuschelfaktor:

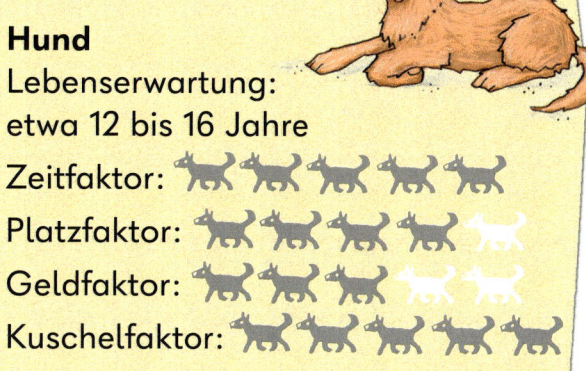

Hund
Lebenserwartung:
etwa 12 bis 16 Jahre
Zeitfaktor:
Platzfaktor:
Geldfaktor:
Kuschelfaktor:

Fische
Lebenserwartung:
abhängig von der Art
Zeitfaktor:
Platzfaktor:
Geldfaktor:
Kuschelfaktor:

Katze
Lebenserwartung:
etwa 10 bis 14 Jahre
Zeitfaktor:
Platzfaktor:
Geldfaktor:
Kuschelfaktor:

Fantasie-Figuren

Monster mögen Marmelade

Monster mögen Marmelade
Monster mögen Currywurst,
Monster mögen Schokolade,
Apfelschorle für den Durst.

5 Monster schlabbern, schlürfen, schmatzen,
Lebertran und Drachenspeck,
stopfen, bis sie beinah platzen,
Nasenpopel, Fliegendreck.

Monster mögen auch gern Schnecken,
10 altes Butterbrotpapier,
Stinkesocken, Mücken, Zecken
und gehacktes Trampeltier.

Monster kloppen sich ums Essen.
Brüllen: „Weg da! Das ist meins!
15 Hast mir alles weggefressen!
Wildschwein hatte ich erst eins!"

Monster kochen sich im Kessel
Wanzensuppe, Wüstenfloh.
Durchgesess'ne Fernsehsessel
essen sie am liebsten roh.

Monster mögen Bandwurmnudel,
ranzig-altes Schweinefett,
Spinnen, Kakerlakenstrudel,
Mausekötel, Madenmett.

Drum, wenn unter deinem Bett
bei Nacht die Monster lungern,
bring ihnen Wurst und Madenmett
und Stinkesock und Schweinefett,
damit sie nicht verhungern.

Andrea Schomburg

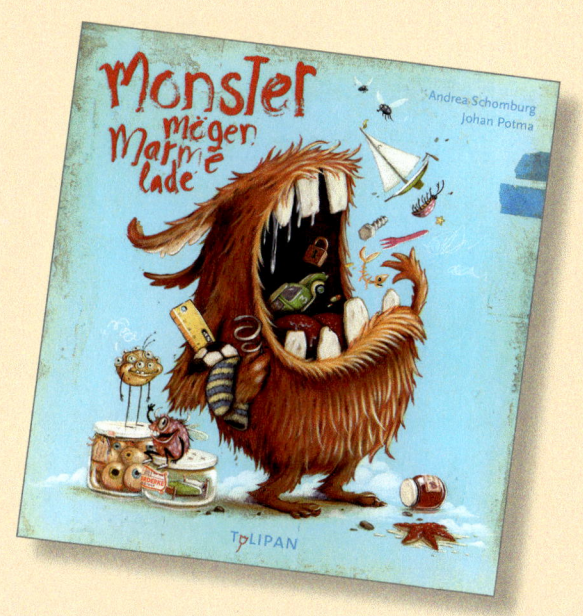

Schnupper-Seite: Fantasie-Figuren

10 kleine bange Monster

Drei furchtbar bange Monster
sorgten sich vor schlimmen Träumen.
Eins, das träumte tapfer los
und flog bald über rosa Bäume.

Markus Reyhani / Constanze von Kitzing

Bücher sind gut gegen Langeweile. Je dicker, desto besser.

Was zauberst du aus diesen Silben?

SIM LA KUS
SA BIM HO PO KUS

FI BUS MAL
DI DREI

SCHWAR ZER TER
KA

Die Bremer Stadtmusikanten

Wir sind die wohlbekannten,
lustigen Bremer Stadtmusikanten,
musizieren und marschieren in die
große Stadt hinein, denn in Bremen
soll das Leben lustig sein.
I-a, wau wau, i-a, wau wau, miau, kikeriki.

Volksgut

Dreizehn Drachen

Vor dem Kamin stehn dreizehn Drachen,
um dort ein Feuer zu entfachen.
Immer geht das Feuer aus.
Nach Stunden finden sie heraus,
dass einer anders ist als alle:
Er spuckt Wasser und heißt Kalle!

Andreas Röckener

Aus k wird l!

Zombert in der Schule des Schreckens

Monster gehen nicht zur Schule.
Sie wollen nicht schreiben oder lesen.
Auch nicht die Inschriften
auf den zerfallenen Grabsteinen.
5 Lieber verstecken sie sich dahinter.
Dann erschrecken sie arglose Besucher.
So glauben die Menschen.
Hier ist so ein Monster.
Ein waschechter Zombie.
10 Zombie-Norbert.
Aber seine Freunde nennen ihn Zombert.

Er sitzt in seiner gemütlichen Gruft.
Draußen stürmt der Herbstwind.
Blätter wirbeln über den urururalten Friedhof.
15 Zombert hat Langeweile.
Er wartet auf Konrad, seinen besten Freund.
Also geht er zum Regal mit den alten Büchern.
„Bücher sind gut gegen Langeweile. Das sagt Konrad immer",
überlegt Zombert laut und zieht ein Buch hervor. Ein besonders dickes.
20 „Je dicker, desto besser gegen Langeweile", ist sich Zombert sicher.
Er blättert durch die Seiten.
„Da stehen ja nur kleine schwarze Zeichen drauf! Das ist voll öde.
Wozu sollen Bücher eigentlich gut sein?"

Am Nachmittag kommt Konrad vorbei.

25 „Was machst du denn da mit den Büchern?"

„Experimente", antwortet Zombert.

„Schließlich machen Bücher klug."

„Ja, aber nur, wenn man sie liest", erklärt Konrad

und blättert ein paar Seiten um.

30 Also nimmt sich Zombert ein Buch

und macht es wie sein Freund.

Lange starrt er auf eine Seite.

Nach einer Weile stöhnt er:

„Mir ist immer noch langweilig.

35 Da passiert ja gar nichts."

„Kein Wunder. Du hältst dein Buch falsch herum",

bemerkt Konrad. „So kann man nicht lesen."

„Auch wenn ich das Buch richtig herum halte,

kann ich nicht lesen", gesteht Zombert.

40 „Bist du denn nie zur Schule gegangen?",

fragt Konrad erstaunt.

„Komm doch morgen mit in die Schule",

schlägt Konrad vor. „Ich hole dich ab."

„In die Schule?", krächzt Zombert.

45 Ich bin ein Zombie! Über 500 Jahre alt!

Viel zu alt für die Schule!"

„Dann bleiben dir all die spannenden Bücher

für immer verschlossen", bedauert Konrad.

Kai Pannen

Räuberkinder

Das sind 2 Räuberkinder.
Sie sind wirklich
sehr, sehr böse!!!

Die spielen auch
so komisch
zusammen!

Nie würden sie
etwas
miteinander
teilen.

Aber wenn's
mal so richtig
drauf ankommt,
dann halten
sie zusammen,
die Räuberkinder!!!

Text und Bilder: Antje Damm

Einen Superhelden basteln

Du brauchst:
- Pappkarton
- gelbes und schwarzes Tonpapier
- Paketschnur
- zwei Holzperlen
- eine 5-Cent-Münze
- einen gelben und einen roten Filzstift
- einen Papier-Trinkhalm
- einen Klebestift, Klebeband, eine Schere

Male den Körper auf **Karton**. Schneide ihn aus. Male der Figur einen Anzug und ein Gesicht.

Schneide Umhang und Haare aus **Tonpapier** aus und klebe sie an der Rückseite fest.

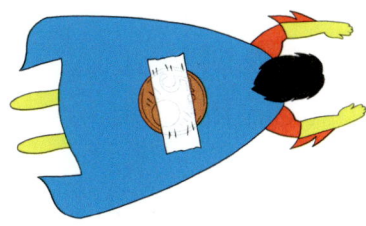

Befestige auf der Rückseite mit **Klebeband** eine Münze.

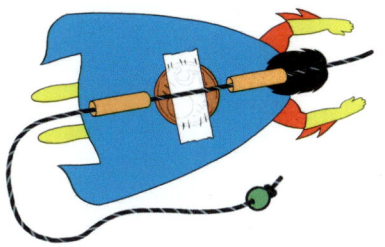

Klebe zwei Stücke vom **Trinkhalm** auf die Rückseite. Fädele die **Paketschnur** von oben durch die Röhrchen. Knote die **Perlen** unten an der Schnur fest.

Eine Kuh, die saß im Schwalbennest

Eine Kuh, die saß im Schwalbennest
Mit sieben jungen Ziegen,
Sie feierten ihr Jubelfest
Und fingen an zu fliegen
Der Esel zog Pantoffeln an,
Ist übers Haus geflogen.
Und wenn das nicht die Wahrheit ist,
So ist es doch gelogen.

Gustav Falke

Drei Hasen

Drei Hasen tanzen im Mondschein
im Wiesenwinkel am See:
Der eine ist ein Löwe,
der andere eine Möwe,
der dritte ist ein Reh.

Christian Morgenstern

▷ Lesen mit Unterstützung

Prinzessin Fibi

Fibi hasste es, eine Prinzessin zu sein. Alles, was Spaß machte, war Mädchen und Prinzessinnen verboten.

Und dann tauchte eines Tages der Drache auf. Ein echter, riesiger, überaus schlecht gelaunter Drache. Er war so schlecht gelaunt, dass er auf einen Bissen fünf Schafe verschlang.

Wo ein Drache ist, tauchen früher oder später Drachentöter auf. Aus dem ganzen Königreich kamen sie anmarschiert. Sie hatten seit ewigen Zeiten nicht mehr beweisen können, was für tolle Kerle sie waren. Also freuten sie sich über den Drachen. Aber der freute sich nicht über sie. Die, die es schafften, bis in seine Höhle vorzudringen, bereuten es hinterher sehr.

Zerrissene Kleider waren noch das Harmloseste. Angesengte Haare und Bärte gab es häufig. Gebrochene Arme und Beine sowieso.

Und Schlimmeres. So hatten sie sich einen Drachenkampf nicht vorgestellt.

„Ha! Was für Feiglinge!", dachte Fibi. Und weil sie ein kluges Kind war, stellte sie sich als Einzige die Frage, warum der Drache eigentlich so wütend war. Niemand außer Fibi war bis jetzt auf die Idee gekommen, sich diese Frage zu stellen. Und niemand außer dem Drachen konnte sie beantworten. Also beschloss Fibi, sich heimlich auf den Weg zur Drachenhöhle zu machen.

Ich will herausfinden, warum der Drache so zornig ist. Macht Euch keine Sorgen um mich.
Fibi
PS: Den Werkzeugkasten nehme ich für alle Fälle mit.

Text: Gudrun Likar
Bilder: Sabine Büchner

Die Bremer Stadtmusikanten

Esel: Schwere Säcke trag' ich nicht.
Ich lass' mich nicht mehr schlagen.
Alle: Komm mit und werde Musikant.
Hund: Ich bin alt und wackelig,
totschlagen will mein Herrchen mich.
Alle: Komm mit und werde Musikant.
Katze: Alle kleinen Mäuschen sitzen jetzt im Häuschen,
meine Zähne sind zu stumpf,
sie wollten mich ersäufen.
Alle: Komm mit und werde Musikant.
Hahn: Ach, ich armer alter Tropf,
nun soll ich in den Suppentopf!
Hühnersuppe woll'n sie essen,
das können sie gleich vergessen.
Alle: Komm mit und werde Musikant.
Der Weg nach Bremen ist noch weit,
drum brauchen wir noch etwas Zeit.
Wir suchen jetzt ein Nachtquartier,
der Wald ist uns zu dunkel hier.
Dort steht ein Haus,
ein Räuber guckt heraus,
was sollen wir uns plagen,
den werden wir verjagen.

Esel: I-A-I-A-I-A
Katze: Miau Miau Miau
Hund: Wau Wau Wau Wau
Hahn: Kikeriki Kikeriki Kikeriki
Alle: Wir haben es geschafft, hurra,
die Räuber, die sind nicht mehr da!
Fide- ral - lal - la, fide- ral - lal - la,
fide- ral - lal - lal - lal - la!
Wir Tiere geh'n nun nicht mehr fort,
wir bleiben alle hier am Ort!
Fide- ral - lal - la, fide- ral - lal - la,
fide- ral - lal - lal - lal - la!
Wir lassen Bremen Bremen sein,
denn hier sind wir nicht mehr allein.
Fide- ral - lal - la, fide- ral - lal - la,
fide- ral - lal - lal - lal - la!
Wir leben hier im Räuberhaus
und dieses Märchen ist jetzt aus!
Fide- ral - lal - la, fide- ral - lal - la,
fide- ral - lal - lal - lal - la!

Kirsten Großmann

> Singt den Text auf die Melodie von „Ein Vogel wollte Hochzeit machen"

KV 19

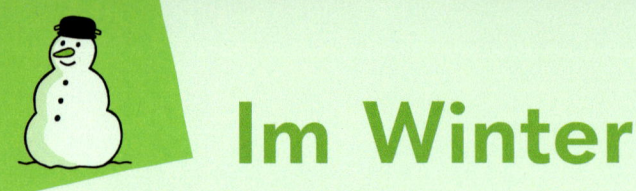

Im Winter

Der Ostermann

Der Knabe sieht die Mutter an:
„Stimmt's? Papa ist der Weihnachtsmann."
„Ja, mein Kind. Das stimmt genau."
„Und du, du bist die Weihnachtsfrau."
5 „Ja, das könnte man so sagen."
„Mutter, ich muss noch was fragen.
Wenn ich groß bin irgendwann…?"
„Dann wirst du der Weihnachtsmann."

Der Knabe senkt den Blick und spricht:
10 „Aber, ach … Ich will gar nicht."
„Wieso nur fühlst du dich nicht wohl?
Es ist doch wunderschön am Pol."

Ich mag kein' Winter, keinen Schnee,
auch keinen Glühwein, keinen Tee.
15 Fahr nicht gern Schlitten oder Ski,
hab 'ne Orangen-Allergie.
Rot und weiß, das steht mir nicht,
und ich hab kein Bartgesicht.

„Dein Papa ist der Weihnachtsmann,
schon Opa zog den Mantel an.
Alle riefen **Ho, Ho, Ho!**
Alle machten große Show.
Alle waren Schlittenkutscher,
Heimlichtuer, Schornsteinrutscher,
Gedichtliebhaber, Stiefelfüller,
Wunschempfänger, Kinoknüller,
Wichtelchefs und Rentierkenner,
allesamt war'n **Weihnachtsmänner!**"

„Glocken mag ich nur an Kühen,
ich mag es, wenn die Blumen blühen.
Ich mag Farben, ich mag Düfte,
mag kurze Hosen um die Hüfte.
Im Frühling atmet man viel freier.
Und- wie sag ich's? Ich mag Eier.
**Wenn ich groß bin irgendwann,
werde ich der Ostermann!**"

Text: Marc-Uwe Kling / Bilder: Astrid Henn

Schnupper-Seite: Im Winter

Überraschung

Überraschung
Eine Flocke
und wieder
eine Flocke
5 und wieder
eine Flocke
und schon wieder
eine Flocke
und schon wieder
10 eine Flocke
und schon wieder
eine Flocke
und noch eine
und noch eine
15 und noch eine
und noch eine
Oje, oje!
Schnee

Gottfried Herold

Die Schnecke im Winter

Naht der Winter,
geh ich ins Haus,
mache die Türe zu:
Winter bleib drauß!

Zu ist die Türe.
Komme, wer will:
Ich bin zu sprechen
erst im April.

Josef Guggenmos

Aus K wird H

Der Adventskranz

Den Adventskranz gibt es
seit ungefähr 200 Jahren.
Johann Hinrich Wichern
leitete ein Waisenhaus.
5 Er wollte den Kindern
das Warten auf Weihnachten
verschönern. Deshalb steckte er
24 Kerzen auf ein Holzrad.
Täglich wurde eine Kerze mehr
10 angezündet. Daraus entstand
später der Tannenkranz
mit vier Kerzen.

Die Hirten

Ich sah zur Nacht
ein helles Licht.
Erwacht! Erwacht!
Seht ihr es nicht?

5 Ich bin wie blind.
Die Melodie
rauscht wie ein Wind.
Sagt, hört ihr sie?

Ein Kind im Stall!
10 Was ist gescheh'n?
Kommt schnell, kommt schnell,
es anzuseh'n.

Friedrich Hofmann

Die Geschichte vom beschenkten Nikolaus

Einmal kam der Nikolaus am 6. Dezember zum kleinen Klaus.
Er fragte ihn: „Bist du im letzten Jahr auch brav gewesen?"
Klaus antwortete: „Ja, fast immer."
Der Nikolaus fragte: „Kannst du mir auch
5 ein schönes Gedicht aufsagen?"
„Ja", sagte Klaus.
„Lieber, guter Nikolaus,
du bist jetzt bei mir zu Haus,
bitte leer die Taschen aus,
10 dann lass ich dich wieder raus."
Der Nikolaus sagte: „Das hast du schön gemacht."
Er schenkte dem Klaus Äpfel, Nüsse,
Mandarinen und Plätzchen.
„Danke", sagte Klaus.
15 „Auf Wiedersehen", sagte der Nikolaus.
Er drehte sich um und wollte gehen.
„Halt", rief Klaus.
Der Nikolaus schaute sich erstaunt um.
„Was ist?", fragte er.

Da sagte Klaus: „Und was ist mit dir?
Warst du im letzten Jahr auch brav?"
„So ziemlich", antwortete der Nikolaus.
Da fragte Klaus: „Kannst du mir auch
ein schönes Gedicht aufsagen?"
„Ja", sagte der Nikolaus.
„Liebes, gutes, braves Kind,
draußen geht ein kalter Wind,
koch mir einen Tee geschwind,
dass ich gut nach Hause find."
„Wird gemacht", sagte Klaus.
Er kochte dem Nikolaus einen heißen Tee.
Der Nikolaus schlürfte ihn und aß dazu Plätzchen.
Da wurde ihm schön warm.
Als er fertig war, stand er auf und ging zur Tür.
„Danke für den Tee", sagte er freundlich.
„Bitte, gerne geschehen", sagte Klaus.
„Und komm auch nächstes Jahr vorbei,
dann beschenken wir uns wieder."
„Natürlich, kleiner Nikolaus", sagte der große Nikolaus.
Er ging hinaus in die kalte Nacht.

Alfons Schweiggert

Pepparkakor – Schwedische Pfefferkuchen

Du brauchst:

300 g Braunen Zucker

50 ml dunklen Sirup

100 ml Wasser

200 g Butter

1 Tütchen geriebene Orangenschale

4 Teelöffel Pfefferkuchengewürz

2 Teelöffel Backpulver

600 g Weizenmehl

So geht's:

1. Koche Wasser, Sirup und Zucker auf.
2. Gib Butter und Gewürze in eine Schüssel, und übergieße alles mit dem heißen Zucker-Sirup-Wasser.
3. Rühre bis die Butter geschmolzen ist und lass alles abkühlen.
4. Mische das Mehl mit Backpulver und rühre alles zusammen.
5. Lass den Teig über Nacht in Klarsichtfolie gewickelt kühl stehen.
6. Rolle den Teig am nächsten Tag sehr dünn aus.
7. Steche Kekse aus und lege sie auf ein kaltes Backblech.
8. Backe sie bei 200 Grad 5–8 Minuten.

Der Pfefferkuchenmann

Er freut sich auf den Weihnachtsbaum,
Da möchte er druntersteh'n.
Den Lichterglanz – er glaubt es kaum -,
Den will er sich beseh'n,
Mit Augen von Korinthen
Und Mandeln drum und dran.
Wie herrlich wird er's finden –
Der Pfefferkuchenmann!

Wär' ich nur nicht solch Leckerschnut
Und könnte widersteh'n,
Dann wär' ja alles schön und gut,
Wär' alles gut und schön.
Wie wohl Korinthen schmecken?
Sind Mandeln ein Genuss?
Ich will ganz schnell mal lecken
Am süßen Zuckerguss.

Und steht der Baum im Kerzenlicht,
Und ist es dann soweit –
Da fehlt doch wer, der sieht das nicht;
Nun tut's mir selber leid.
Vernascht sind die Korinthen,
Die Mandeln drum und dran ...
Er ist nicht mehr zu finden –
Der Pfefferkuchenmann.

Erika Engel

Wir stellen heut die Krippe auf

Mitwirkende: 1 Erzähler, 7 Kinder, Josef, Maria, 1 Orchester
Instrumente: Glockenspiel 🔔G, Röhrentrommel, Glöckchen, Triangel, Regenstab, Xylophonklangstäbe d, f/s, a, Rassel, Schellenkranz, Schlittengeläut
Bühnenbild: Stall mit Krippe
Requisiten: Jesuskind-Puppe, Ochse, Esel, Schaf, Seestern, Zimtstern, leuchtender Himmelsstern

Erzähler: Die Weihnachtzeit nimmt ihren Lauf,
wir stellen heut die Krippe auf.

Kind 1: Ich bring den Ochsen in den Stall.

Kind 2: Der Esel folgt in jedem Fall.

Kind 3: Auch das Schaf gehört dazu,
Maria und Josef, die bringst du.

Kind 4: Auch ich komm jetzt noch ganz geschwind
und bringe euch das Jesuskind.

Erzähler: Jetzt fehlt nur noch am Himmelszelt
ein Stern, der alles schön erhellt.

Kind 5: Ich habe einen Stern dabei,
den habe ich aus der Türkei.

Erzähler: Ach nein, wo denkst du denn nur hin,
ein Seestern macht doch keinen Sinn.

Kind 6: Ich habe einen Stern dabei
aus Mamas Weihnachtsbäckerei.

Erzähler: Ach nein, wo denkst du denn nur hin,
ein Zimtstern macht doch keinen Sinn.

Kind 6: Ich liebe diese Plätzchensterne,
und ess' sie für mein Leben gerne.

Kind 7: Wie wär der Stern am Himmelszelt?
Der leuchtet auf der ganzen Welt.

Alle: Ja, super, klasse, toll, hurra! *alle*
Der richt'ge Stern ist endlich da!

Elke Gulden und Bettina Scheer

Lied der Eiszapfen

Eis	Tropfen	Zapfen	Eis
zapfen	Tropfen	Zapfen	zapfen
zapfen	Tropfen	Zapfen	tropfen
zapfen	Eis	Eis	Eis
Eis	Tropfen	Zapfen	zapfen
Zapfen	Tropfen	Zapfen	tropfen
Zapfen	Eis	Eis	Eis
Eis	Tropfen	Zapfen	zapfen
Zapfen	Tropfen	Zapfen	tropfen
Zapfen	Eis	Eis	tropfen
			tropfen
klink –	ping –	spring –	Tropfen
			blink ...

Friedl Hofbauer

Kalte Zeiten

Dicke Wolle wärmt das Schaf,
Igel halten Winterschlaf,
während Eis und Frost regieren.
Vögel frieren.

Dicht gedrängt auf kahlen Zweigen
hocken sie bedrückt und schweigen.
Wann wird's Frühling hier im Garten?
Vögel warten.

Iris Schürmann-Mock

Die Sterntaler

Es war einmal ein kleines Mädchen,
das war ganz allein auf der Welt.
Es besaß nur noch die Sachen, die es am Körper trug,
und ein Stück Brot, das ihm jemand geschenkt hatte.
5 Im Vertrauen auf den lieben Gott
lief das Mädchen hinaus ins Feld.
Ihm begegnete ein armer Mann, der sprach:
„Ich bin hungrig, gib mir etwas zu essen."
Das Mädchen reichte ihm das Brot und ging weiter.

10 Da kam ein Kind, das weinte und fror am Kopf.
Das Mädchen schenkte ihm seine Mütze.

Später traf es ein Kind, das hatte keine Jacke,
ein anderes keinen Rock.
Da gab es ihnen auch diese Sachen.

15 Es wurde dunkel, als das Mädchen in einen Wald kam.
Dort begegnete ihm ein Kind, das bat um ein Hemdchen.
„Es ist dunkel und es sieht mich niemand", dachte
das Mädchen und verschenkte nun auch sein Hemdchen.

Als es so da stand und gar nichts mehr hatte, fielen auf einmal
20 die Sterne vom Himmel, lauter blanke Taler.
Plötzlich hatte das Mädchen ein neues Hemdchen an,
aus feinstem Stoff. Da sammelte es die Taler hinein
und musste nicht mehr hungern und frieren.

Brüder Grimm

Die kleine Hexe

Es war Winter. Um das Hexenhaus heulte der Schneesturm.
Die kleine Hexe saß auf der Bank vor dem Kachelofen
und las in ihrem großen Hexenbuch.
Sie sagte: „Ich brauche mal wieder frische Luft um die Nase."
5 Sie schwang sich auf den Besen, flitzte zum Schornstein hinaus
und lenkte den Besen zum nächsten Dorf. Aber nanu?
Wie kamen denn die kleinen Messerwerfer auf die verschneite Straße?
Und seit wann gab es Cowboys und Indianer in dieser Gegend?
Es war Fastnacht!
10 Ein Mädchen trug ein Hexenkostüm und fragte die richtige
kleine Hexe:
„Guten Tag! Bist du vielleicht meine Schwester?"
„Schon möglich", sagte die kleine Hexe. „Wie alt bist du denn?"
„Zwölf Jahre. Und du?"
15 „Einhundertsiebenundzwanzigeinhalb."
„Das ist gut!", rief die Fastnachtshexe.
„Von nun an sage ich, wenn mich die Kinder nach meinem Alter
fragen: Zweihundertneunundfünfzigdreiviertel!"
„Ich bin aber wirklich so alt!"
20 „Ja, ich weiß, und du kannst ja auch wirklich hexen!"
„Und ob ich das kann!", rief die richtige kleine Hexe.
Sie murmelte leise vor sich hin und schon prasselte ein Regen
von Fastnachtskrapfen auf die Kinder nieder.

Otfried Preußler

Aus der Geschichte über die kleine Hexe wurde auch ein Film gedreht!

Verkleidungsfest

Der Peter nennt es Fasching,
die Jule Karneval,
der Oliver sagt Fastnacht ...
Doch ist das nicht egal?

5 Was zählt ist: Du verkleidest dich.
Du willst verwandelt sein.
Du bleibst trotz deiner Maske du.
Du feierst nicht allein.

Die Manu geht als Löwin,
10 der Felix als Vampir,
Matthias geht auf allen vier'n
als Fußball-Trampeltier.

Die Zwillinge sind Filmstars,
Max schleppt ein Mikrofon –
15 ist er ein Chefreporter
oder der Mann vom Ton?

Wer ist die Kräuterhexe?
Und wer der Astronaut?
Sogar der leise Lukas
20 trompetet heute laut!

Georg Bydlinski

Wie nennst du dieses Fest?

Zeit vergeht

Dann gehe ich jetzt, sagte die Zeit

Es war Sonntagnachmittag und die Zeit war da.
Sie saß gemütlich im Sessel neben dem Fenster.
Als Lara hereinkam, winkte sie ihr zu.
Die Zeit und sie waren Freunde.
5 Opa löste ein Zahlenrätsel.
„Warum machst du das denn?", fragte Lara.
„Naja, ich muss mir die Zeit vertreiben", sagte Opa.

Ihre Geschwister saßen auf der Terrasse.
„Was macht ihr?", fragte Lara.
10 „Wir schlagen die Zeit tot", sagte die Schwester.

Alle wollen die Zeit vertreiben oder sie sogar totschlagen!
„Dann gehe ich jetzt!", sagte die Zeit.

Lara rannte ihr hinterher und
suchte sie überall.

Endlich entdeckte Lara die Zeit. Sie saß im Park
auf einer Bank,
hatte die langen Beine übereinandergeschlagen
und ruhte sich aus.
Lara setzte sich neben sie.
„Gut, dass du noch da bist.", sagte sie.
„Im Park fühle ich mich wohler.", sagte die Zeit.
Sie setzten sich am Flussufer auf einen glatten Stein.
Sie saßen da und redeten nichts mehr.
Sie sahen einfach nur den Wolken nach.
Es war ein schöner Sonntag.
Die Tauben kreisten.
Die Fliegen summten.
Der Fluss rauschte.

Bettina Obrecht / Julie Völk

Schnupper-Seite: Zeit vergeht

Ich vertreibe mir die Zeit.

Ich schlage die Zeit tot.

Time flies like an arrow.
Zeit verfliegt schnell wie ein Pfeil.

Englisches Sprichwort

Öğrenmenin yaşı yoktur.
Zum Lernen ist es nie zu spät.

Türkisches Sprichwort

Welche Redewendung hast du schon oft gehört?

Witz

Eine Schildkröte wird von einer Gruppe Schnecken überfallen.
Die Polizei befragt die Schildkröte.
„Kannst du uns sagen, was passiert ist?"
„Nein", sagt die Schildkröte, „es ging alles so schnell."

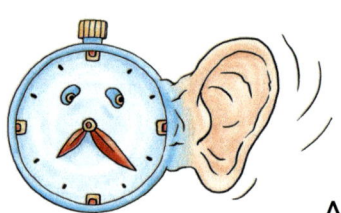

Aus U wird O

Tagesplan einer Hexe

Zauberaxt schärfen

Taxifahrer nerven

Hexer-Lexikon lernen

Drachenhaar aus Mixer entfernen

Verhextes Fax an Axel faxen

Zaubertrank mit fixen Haxen

Text für Klettermaxe machen

Aus Jux Galaxis überdachen

Fixe Nixen verlixen

Für Arztpraxis Fliegentrank mixen

Hexenbesenbox aufmotzen

Xylophon-Lied üben und protzen

Eva Bade

Tagesplan der Erde

Unsere Erde braucht genau einen Tag, um sich einmal
um ihre eigene Achse zu drehen. Für uns entsteht der Eindruck,
als würde die Sonne im Laufe des Tages am Himmel wandern –
von Osten nach Westen. Die Sonne steht aber still.
In Wirklichkeit dreht sich die Erde. Aus unserer Sicht wandert
das Licht. Mit dem Licht wandert auch der Schatten.
Dieses Wissen können wir gut nutzen, um eine Sonnenuhr zu basteln.

Barbara Jauk

Die Erfindung der Zeit

Schon immer haben Menschen versucht,
die Zeit einzuteilen und zu messen.
Jahrtausendelang brauchte man keine Uhren, Wecker oder Handys.
Man stand einfach auf, wenn die Sonne aufging.
5 Und abends war der Tag zu Ende, wenn die Sonne unterging.
Doch woher wusste man, wann es Zeit war, nach Hause zu gehen?

Die ersten Messinstrumente für die Zeit waren Sonnenuhren.
Doch die konnten nicht abgelesen werden,
wenn das Wetter schlecht oder es dunkel war.
10 So erfanden die Menschen eine Reihe von anderen Uhren
wie beispielsweise Wasseruhren, Feueruhren oder Sanduhren.

Wasseruhr

Feueruhr

Sanduhr

Eine Sonnenuhr basteln

Das brauchst du:
- einen Kreis aus Pappe mit circa 15 cm Durchmesser
- einen Holzspieß
- einen runden Untersetzer aus Kork
- Buntstifte und Schere

So geht's:
Zeichne einen Kreis mit 15 cm Durchmesser und schneide ihn aus.

Markiere einen Punkt genau in der Mitte des Kreises.

Zeichne ein Ziffernblatt.

Markiere dazu die 12 Stunden auf der runden Scheibe.

Lege deine Sonnenuhr auf den Kork-Untersetzer.

Stecke den Holzspieß durch die Mitte der Sonnenuhr,

bis er im Untersetzer festsitzt und nicht verrutschen kann.

Nun stelle deine Sonnenuhr nach draußen in die Sonne
und beobachte, wie der Schatten des Stabes wandert.
Je weniger Wolken am Himmel sind, desto besser ist der Schattenfall auf dem Ziffernblatt zu sehen.

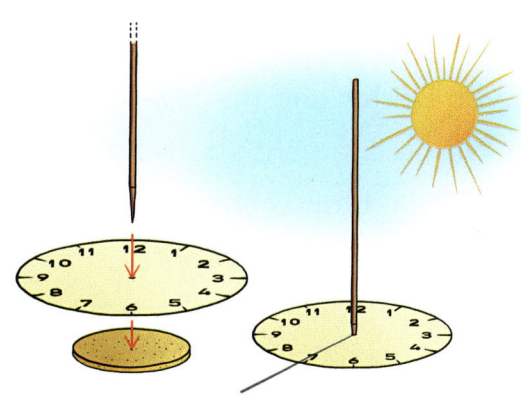

Stimmt die Uhrzeit deiner Sonnenuhr mit der Zeit auf einer anderen Uhr überein?

SCHNELL SCHNELL SCHNELL

Ich springe aus dem Bett,
schlüpfe rasch in meine Kleider,
wasche mich ruckzuck,
ziehe die Turnschuhe an und
5 stürme aus dem Haus,
wie der geölte Blitz flitze ich los,
um meine Freunde einzuholen,
die rennen, was das Zeug hält,
ich versuche,
10 an ihnen vorbeizukommen,
nichts wie rein in den Bus,
der schon losfährt,
brumm,
im Nu sind wir im Umland,
15 keine Zeit für Pipipause,
der Bus braust durch
die Landschaft, über Brücken,
durch Dörfer und Berge,
in Windeseile geht's zum Strand,
20 dalli dalli, bloß keine Zeit verlieren,
wir steigen in ein Jetboot,
das irre schnell durchs Wasser
prescht, keine Zeit zum Baden,
in atemberaubendem Tempo
25 hüpft es über die Wellen,

am Ufer wartet
ein Überschallflugzeug.
Zackzack, wir dürfen es
auf keinen Fall verpassen,
30 die Motoren laufen schon
auf Hochtouren,
das Flugzeug startet und
schießt in die Luft,
es schaltet den Turbo ein und
35 durchstößt die Wolken,
immer schneller schneller schneller...
huch, wo sind sie jetzt?
Und bei all der Hetze habe ich
einiges verpasst:
40 Den Käfer, der spazieren fliegt,
den Regenwurm, der sich windet,
die Blume die verblüht
und stelle mir vor,
was ich jetzt alles machen kann
45 – in Ruhe – ohne Eile – ungestört –
schon kommen mir
ganz viele Ideen.

Clotilde Perrin

Die Schildkröte und der Hase

Die Schildkröte und der Hase hatten einen Streit.
Der Hase behauptete: „Ich bin viel schneller als du."
Die Schildkröte sagte: „Nein, ich bin schneller als du."
Also probierten sie es aus. Sie bestimmten ein Ziel
und liefen um die Wette. Der Hase war sich sicher,
dass er schneller als die Schildkröte sein würde.
Deshalb legte er sich nach einer kurzen Strecke
zum Schlafen an den Wegrand.
Die Schildkröte wusste, dass sie nur langsam vorankam.
Deshalb machte sie keine Pause.
Sie überholte den schlafenden Hasen. So wurde sie die Siegerin.

nach Äsop

Wie fühlt sich Zeit an?

Zeit kann man nicht sehen, aber man merkt, wie sie vergeht.
Wenn wir ein altes Foto von uns betrachten,
sehen wir, dass wir älter geworden sind.
Manchmal vergeht die Zeit schnell und manchmal langsam.
Beim Spielen vergeht die Zeit wie im Fluge
und beim Zahnarzt kriecht sie wie eine Schnecke.

Wann geht für dich die Zeit schnell und wann langsam?

Der ganze Tag, mit A gemalt.

Es kam der Tag im Strahlenglanze.
Die Sonne stand am Himmelsplan
Und wärmte Wald, Berg, Tal und Pflanze,
wie sie es Jahr für Jahr getan.

Dann kam der Nachmittag, der fahle,
die Schatten waren schmal und lang.
Es saß im schrägen Sonnenstrahle
Die Amsel auf dem Ast und sang.

Am Abend sangen Nachtigallen.
Da war des Tages Glanz und Pracht
Ins Schattenland hinabgegangen,
und sanft und langsam kam die Nacht.

Nun naht der Schlaf, Die Sterne strahlen.
Schlaft, schlaft! Das Tagwerk ist getan.
Die Nacht pflegt schwarz in schwarz zu malen.
Planeten wandeln ihre Bahn.

James Krüss

Entschuldigung

Liebe Frau Lehrerin,
es tut mir leid, dass ich gestern eine Stunde zu spät kam.
Das war ein merkwürdiger Tag. Die Buchstaben spielten Versteck!
Immer wieder verschwand einer und tauchte im nächsten Moment
wieder woanders auf. Das war so:
Ich biss in mein **Brot**. Plötzlich war es ...
Mir gegenüber saß ein **Ruder**,
wurde zum Glück wieder mein ...
Ich füllte Wasser in meine **Flasche**, alles lief aus,
sie wurde zur ...
Im Gästezimmer stand statt der **Liege** auf sechs schwarzen Beinen
eine ...
Da dachte ich, es ist vielleicht sicherer, erst mein Buch zu Ende zu lesen
und mich dann auf den Weg zur Schule zu machen.
So war das!

Hochachtungsvoll
Dein Paul

Eva Bade

Welche Entschuldigung gefällt dir am besten?

Das bin ich

**Manchmal bin ich alles,
was ich brauche**

Ich lebe in einem gemütlichen Zuhause
mit meiner Mama und Rumba, unserem Hund.
Es duftet nach Zimttee und fühlt sich an
wie ein kuscheliger Schlafanzug.
5 Aber wenn ich mal nicht dort bin
und alles anders ist,
werde ICH zu meinem eigenen Zuhause,
wo ich mich wohlfühle.
Ich spiele gerne im Garten mit Matteo,
10 besonders wenn es aufhört zu regnen.
Pfützen machen ihn glücklich, und der Klang seines Lachens
ist für mich der schönste auf der Welt.

Aber wenn ich mal alleine bin, kann ich gut für mich sein und mir meine eigene Welt erschaffen.
Ich höre sehr gerne Musik, am liebsten Samba!
Es fühlt sich an, als würde mein Herz dem Takt folgen.
Wenn es mal ruhig ist, werde ich zu meinem eigenen Lied, das mich zum Tanzen bringt.
Manchmal, wenn ich mit meinen Regenbogen-Rollschuhen fahre, falle ich hin. Zum Glück kommen mir nette Menschen zu Hilfe.
Aber ich kann mir auch gut selbst helfen und alleine aufstehen.
Ich kann mich selbst lieben und mir das geben, was ich gerade brauche.
Manchmal bin *ich* alles, was ich brauche.

Juliana Perdomo

Schnupper-Seite: Das bin ich

Heute bin ich

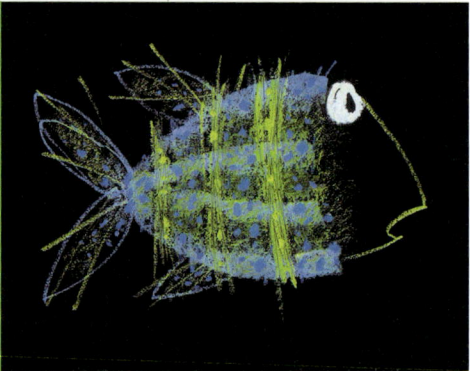

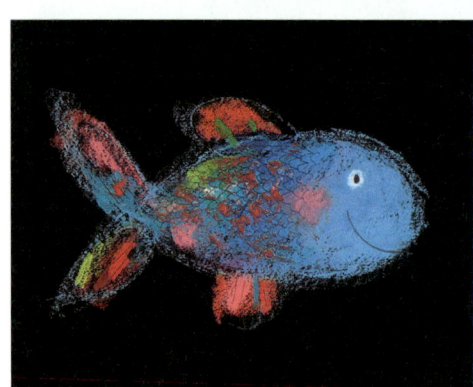

Mies van Hout

Aus F wird T

Das bin ich

Name: Eleni
Ich wohne: in einer Großstadt
Mit: meinen Eltern
Ich mag am liebsten: ins Freibad gehen, tanzen, meine Freundinnen treffen
Ich esse am liebsten: Pizza mit ganz viel Käse
Das mag ich gar nicht: lange Spaziergänge

Name: Gustav
Ich wohne: in einem Dorf
Mit: meiner kleinen Schwester, mit unserem Hund Luna und meiner Mama
Ich mag am liebsten: mit Luna Gassi gehen, Buden bauen, lesen
Ich esse am liebsten: Schokoküsse
Das mag ich nicht: Müll rausbringen, Regen

Was ich mag

Ich mag den Regen.
Ich mag die Sterne.
Ich mag Musik.
Ich mag Spaghetti.
5 Ich mag Bäume.
Ich mag Bücher.
Ich mag Fußball.
Ich mag Monster.
Ich mag den Schnee.
10 Ich mag Blumen.
Und was magst du?

Constanze Kitzin

Nele langweilt sich

Nele langweilt sich.
„Mal doch was", schlägt Mama vor.
Aber Nele hat keine Lust dazu.
„Oder lies etwas", sagt Mama,
5 aber das will sie jetzt auch nicht.
„Besuch doch Amelie", meint Mama.
„Die hat keine Zeit", antwortet Nele.
„Du kannst ein bisschen
mit deiner kleinen Schwester spielen", sagt Mama.
10 „Die schläft", stellt Nele fest.
„Du kannst mit ihr im Kinderwagen
zur Bäckerei gehen und Kuchen kaufen", sagt Mama.
„Tante Lilli und Anna kommen nämlich zu Besuch.
„Das ist auch langweilig", findet Nele.

Anne Maar und Manuela Olten

Was tust du gegen Langeweile?

Langweile? Tu was!

ROLL MÖPSE
SPEISE EIS
MAL STIFTE
RATE SPIELE
5 BAU KLÖTZE
FANG KÖRBE
SCHÜTTEL REIME
LÖSCH BLÄTTER
SCHNÜR SENKEL
10 WECK GLÄSER
ANGEL RUTEN
BACK ERBSEN
FÜLL HÖRNER
WÄHL SCHEIBEN
15 ZIEH FEDERN
ZERR SPIEGEL
DREH TÜREN
TRITT BRETTER
KIPP SCHALTER
20 TIPP FEHLER
FAHR SPUREN
STOSS STANGEN
KLAMMER BEUTEL
LENK STANGEN
25 SCHAUKEL PFERDE
PUSTE BLUMEN
KNEIF ZANGEN

Nora Clormann-Lietz

Das alles ist Familie

Familie Fischer

Linas Eltern, Max und Sarah Fischer,
streiten sich manchmal,
wie wahrscheinlich alle Eltern im
Meisenweg und auf der ganzen Welt.
5 Aber immer haben sie sich und ihre
Tochter lieb.

Familie Kramer

Sarahs Mama heißt
Charlotte Kramer und
ihre Mami heißt Isa Kramer.
Im Dezember 2017 haben
5 die beiden geheiratet.
Vorher war es in Deutschland
noch nicht möglich,
dass gleichgeschlechtliche Paare,
also zwei Männer oder
10 zwei Frauen, heiraten.

Sachfilm

Familie Hollmann

Pauls leiblicher Papa hat sich vor langer Zeit von Pauls Mutter, Marie, getrennt. Sie lernte dann Pauls jetzigen Papa, Jan, kennen und verliebte sich in ihn.
5 Aus einer ersten Ehe hatte der schon eine Tochter, Melanie, die lieber bei ihm als bei der Mutter bleiben wollte.
Später dann haben die beiden noch zwei gemeinsame Kinder bekommen.

Familie Weiß

Vor vielen Jahren kam Anna Weiß bei einem Autounfall ums Leben. Ihr Mann, Ralf, hat sich später nicht wieder verliebt.
5 Er sagt, dass er dafür keine Zeit hat, weil er die lieber mit seiner Tochter Anna verbringt.

Michael Engler

Und wie sieht deine Familie aus?

Wir feiern Geburtstag

Für die meisten Kinder ist ihr Geburtstag ein besonderer Tag.
Viele wissen aber gar nicht genau, wann sie geboren wurden.
Ihre Eltern haben es sich nicht gemerkt
und sie nicht bei einer Behörde registrieren lassen.
5 Das gilt vor allem für Länder, wo viele Menschen
in Armut leben und häufig weder lesen noch schreiben können.

In Dänemark wird zum Geburtstag nicht selten
die Nationalflagge aus dem Fenster gehängt,
weil sie als Symbol der Freude gilt.
10 Die Geschenke werden um das Bett des Geburtstagskindes herum
gelegt, sodass es sie direkt nach dem Aufstehen auspacken kann.
Der Kuchen hat traditionell die Form eines Mädchens oder Jungen
und wird so dekoriert, dass er dem Geburtstagskind ähnlich sieht.

In Indien dürfen Kinder an ihrem Geburtstag nagelneue bunte
Kleider und schönen Schmuck tragen – auch in der Schule, wo
normalerweise nur Uniformen erlaubt sind.

In China kommen zum Geburtstag Nudeln auf den Tisch.
Chinesen glauben, je länger die Nudeln sind, die sie an ihrem
Geburtstag essen, desto länger wird ihr Leben sein.

Anne Kostrzewa

Herzlichen Glückwunsch!

Soll ich es sagen?

Jedes Jahr am 14. Mai
hat Ramin Geburtstag.
Zusammen mit seinem besten
Freund – Paul.

5 „Was schenken wir Paul?",
fragt Mama.
„Einen Glitzerstift.
Mit dem kann man
Glitzerbilder malen."
10 „Okay", antwortet Mama,
„aber du darfst ihm nichts verraten.
Das ist ein Geheimnis."

Zwei Tage später spielt Ramin
mit seiner Freundin Rachel
15 im Garten Fußball.
Plötzlich kommen drei größere
Jungen vorbei und wollen
mit den beiden Fußball spielen.

Doch dann passiert es!
20 Klirr! Es regnet tausend Scherben!
„Ihr dürft niemandem verraten,
dass ich das gewesen bin.
Sonst passiert etwas Schlimmes.
Das ist unser Geheimnis!",
25 sagt einer der Jungen.
Danach laufen die drei weg.

Am Abend fragt Mama: „Ramin,
weißt du, was mit dem Fenster
bei unserem Nachbarn Klaus
30 passiert ist? Eine Fensterscheibe ist
kaputtgegangen." Ramin fühlt sich
plötzlich sehr schlecht.
Soll er es seinen Eltern sagen?
Es ist doch ein Geheimnis,
35 das man nicht verraten darf.

Am nächsten Tag fragt er
seine Tante Marlene,
was ein Geheimnis ist.
Sie erklärt ihm, dass ein Geheimnis
oft etwas sehr Schönes ist.
Etwas, das nur ganz wenige
Menschen wissen.
Manchmal aber ist es so, dass sich
ein Geheimnis schlecht anfühlt.
45 Das Geheimnis mit dem Jungen
fühlt sich für Ramin genau so an.

Am nächsten Tag spricht er
seine Mutter an.
„Ich weiß, wer die Scheibe
50 kaputtgemacht hat.
Das waren die großen Jungen.
Ich darf das aber nicht sagen,
denn es ist ein Geheimnis.
Bist du jetzt böse?"

55 Seine Mutter ist ihm nicht böse.
Ramin ist jetzt sehr erleichtert.
Gut, dass er seiner Mutter
das schlechte Geheimnis
erzählt hat.

60 Zwei Tage später feiert
sein Freund Paul Geburtstag.
Ramin überreicht ihm
sein Geschenk.
„Juhu. Zum Glück hast du
65 mir nicht verraten, was es ist.
Sonst hätte ich mich
nicht so freuen können."

Dann war das also
ein gutes Geheimnis.
70 Gute Geheimnisse
behalte ich für mich.

Clemens Fobian

Ich mache mit

Wut tut gut

Theo soll Klavier üben.
Aber es klappt einfach nicht.
Nie trifft er den richtigen Ton.
Das macht keinen Spaß.
5 Viel lieber würde Theo jetzt Fußball spielen.
Dieses doofe, pupsblöde Klavier!

Theo hebt eine Hand und ballt sie zur Faust.
Mit voller Wucht haut er auf die Tasten.
PLING! Aus dem Klavier fliegt ein Ton.
10 Im hohen Bogen SSSSSS!
saust er durch die Luft.
Er streift RIIING!
den verdutzten Theo am Ärmel.
Der Ärmel leuchtet auf einmal blau und glitzert.

15 Dann streift der Ton
den großen Kronleuchter an der Decke.
Er dreht sich JONGJONG!
zweimal um sich,
und schießt ZAWUMM!
20 durchs Fenster nach draußen.
Er ist weg!

Text: Stephanie Gessner und Michael Hain / Bilder: Meike Töpperwien

▷ Strategiefilm

Schnupper-Seite: Ich mache mit

Himmel und Hölle

Hüpfe mit geschlossenen Beinen.
Hüpfe mit gekreuzten Beinen.
Hüpfe nur auf einem Bein.
Profis hüpfen mit geschlossenen Augen.

Ein Rätsel

Du siehst ihn stets bei Sonnenschein,
am Mittag ist er kurz und klein,
er wächst bei Sonnenuntergang
und wird gar wie ein Baum so lang.

Aus Pf wird H!

Helft beim Müllsammeln!

Wir wollen im Park Müll aufsammeln.
Am Samstag, den 2. Oktober,
treffen wir uns
um 11 Uhr
am Märchen-Springbrunnen.

Wir freuen uns über jede Mithilfe.
Bringt einen Eimer und Handschuhe mit.

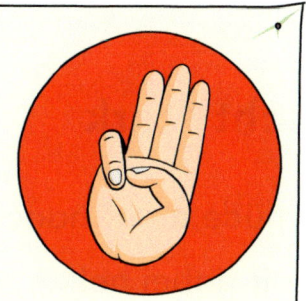

Abfallverwertung

Glasscherbe
Orangenschale
Löffelstiel
Dachrinne

Lauter weggeworfenes Zeug!
Was tust du damit?
Nimm von jedem etwas.
Es lohnt sich.
(Nimm von jedem Wort
den Anfangsbuchstaben.)

Josef Guggenmos

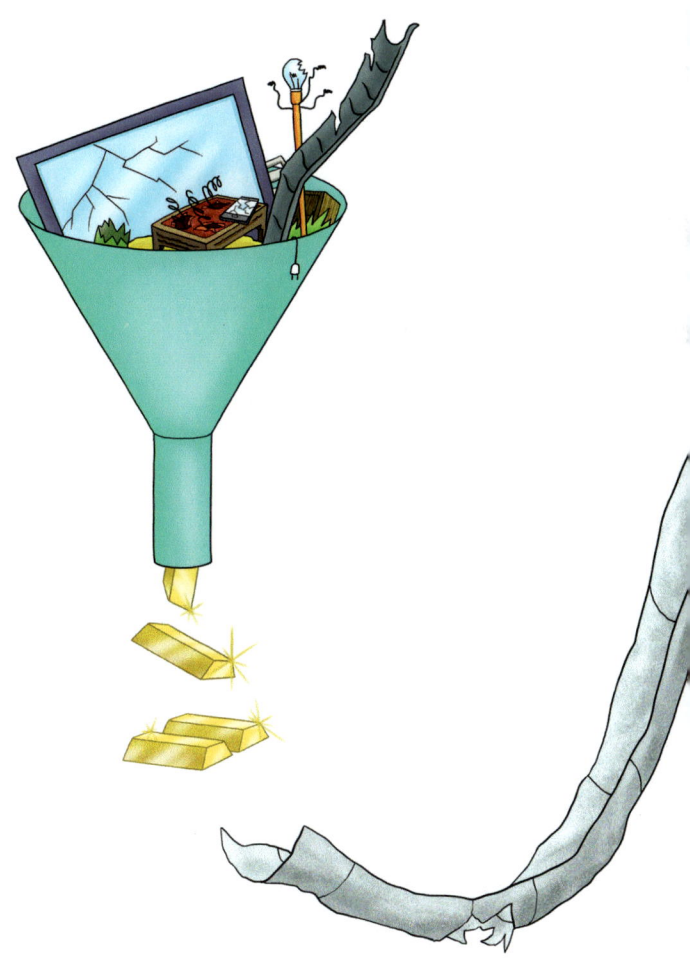

Yoga macht stark

Bist du oft müde oder manchmal aufgedreht?
Yoga kann dir dabei helfen, dich ruhiger und entspannter zu fühlen.
Aber was ist das? Das sind Übungen, bei denen du dich
reckst und streckst. Du spürst deine Kraft und Beweglichkeit.
Jede Yogaübung hat einen Namen.
Hier sind ein paar zum Nachmachen.

Der herabschauende Hund

Der Baum

Das Dreieck

Die Kobra

Gemüsechips

Das brauchst du:
- verschiedene Gemüse
- etwas Olivenöl
- etwas Kräutersalz

1. Heize den Backofen auf 150 Grad Celsius Umluft vor.
   Lege zwei Bleche mit Backpapier aus.
   Schäle das Gemüse und schneide es in hauchdünne Scheiben.
   Am besten geht das mit einem Gemüsehobel.
   Pass dabei auf deine Fingerspitzen auf!

2. Gib die Gemüsescheiben in eine Schüssel.
   Mische alles gut mit Olivenöl durch.
   Lege die Scheiben nebeneinander auf die Bleche
   und schieb sie in den Ofen.
   Nun ca. 45–60 Minuten rösten.

3. Nach 20 Minuten wende die Gemüsechips
   mit einem Bratenwender.
   Fertig ist der Knabberspaß, wenn die Chips schön knusprig sind
   und beim Mischen rascheln.

4. Mit Kräutersalz bestreuen.

Diese Gemüse eigenen sich besonders gut:
Rote Bete, Kartoffel oder Süßkartoffel, lila Kartoffeln (gibt es auf dem Markt), Karotte, Zucchini

Tilli ist Vegetarierin

Tilli ist 8 Jahre alt und geht in die 2. Klasse.
In der Schule hat sie erzählt, dass sie Vegetarierin ist.
Luna von der Schülerzeitung hat sie dazu befragt.

Luna: Was ist eine Vegetarierin?

Tilli: Das ist jemand, der kein Fleisch isst.

Luna: Warum isst du kein Fleisch?

Tilli: Weil ich Tiere mag, und die sonst geschlachtet werden.

Luna: Sind deine Eltern und deine Schwestern auch Vegetarier?

Tilli: So halb. Meine Eltern und Schwestern essen Fleisch,
aber nicht so viel. Meine große Schwester ist sogar Veganerin.

Luna: Was ist eine Veganerin?

Tilli: Das ist jemand, der gar nichts isst, was von Tieren kommt.
Zum Beispiel keinen Honig oder keinen Käse,
weil der aus Milch gemacht wird.
Auch keine Pfannkuchen, weil da Eier drin sind.

Luna: Worüber ärgerst du dich am meisten?

Tilli: Wenn es Fleisch gibt, ärgert es mich,
dass dafür Tiere geschlachtet wurden.

> Was ist dein vegetarisches Lieblingsessen?

Neue Pflanzen wachsen lassen

Nicht alle Gemüsereste muss man wegschmeißen.
Aus manchen Resten kann man neue Pflanzen wachsen lassen.

Karotte
Was du machen musst:

Fülle ein Glas mit Wasser,
sodass der Boden bedeckt ist.
Lege den oberen Teil
einer Karotte hinein.

Wechsle das Wasser
alle zwei Tage.
Nach ungefähr einer Woche
siehst du die ersten Triebe.

Pflanze die Karotte
in einen Topf mit Erde.
Es wird keine neue Karotte wachsen.
Aber das Grün kannst du
für Salate oder Suppen verwenden.

Salat
Was du machen musst:

Setze den Strunk eines Salates
in ein Glas mit Wasser.
Stelle das Glas in die Sonne.
Wechsle das Wasser alle zwei Tage.

Wenn du die ersten Wurzeln siehst,
pflanze den Salat in einen Topf
mit Erde ein. Bald wachsen
neue Blätter.

Bastelanleitung Schattentheater

Du brauchst:

- Unterteil eines Schuhkartons
- Backpapier
- schwarze Pappe
- Holzspieße
- Schere
- Kleber
- Taschenlampe

So geht's:

1. Schneide aus dem Kartonboden vorsichtig ein Rechteck aus.
2. Klebe es von innen mit Backpapier zu.
3. Schneide Figuren aus schwarzer Pappe aus.
4. Klebe dünne Stäbe an den Figuren fest.

Wiebke Krabbe

Tipp: Schneide aus Pappe einen Vorhang zu. Bemale ihn und klebe ihn auf!

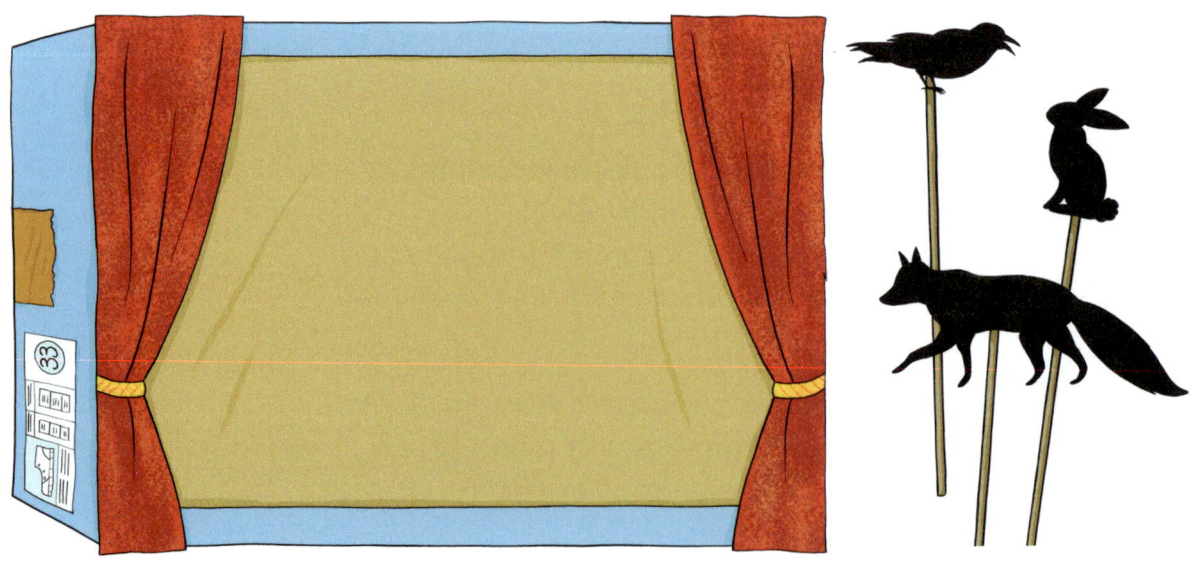

Rabe und Fuchs

Personen: 1. Erzähler, 2. Erzähler, Fuchs, Hasenmutter, Hasenkinder, Rabe

1. Erzähler:	Der schlaue Fuchs schleicht durch den Wald,
	auf einer Lichtung macht er halt.
Fuchs:	Es knurrt mein Bauch. Sehe ich recht!
	Hasen im Rasen! Die schmecken nicht schlecht!
Hasenmutter:	Nach Fuchs riecht es hier!
Hasenkinder:	Was machen wir Kinder?
	Angst haben wir!
Hasenmutter:	Rasch, alle husch in den Busch.
Fuchs:	Gestatten, Reineke, wie man mich nennt,
	das heißt auf gut Deutsch: „Der ist intelligent!"
	Tschüs ihr Lieben! Auf Wiedersehn.
2. Erzähler:	Einen Käse im Schnabel, hoch auf dem Baum,
	so saß ein Rabe. Man sah ihn kaum.
Fuchs:	Es knurrt mein Bauch. Rieche ich Recht.
	So ein Käse schmeckt auch nicht schlecht.
	Nur immer brav üben und du bist bald
	der schönste und beste Sänger im Wald.
1. Erzähler:	Das freute den Raben und gleich fing er dann
	so laut er konnte zu krächzen an.
2. Erzähler:	Ihr hättet den Käse fallen seh'n.
	Genau auf den Fuchs. Und dem auf die Nase.
1. Erzähler:	Dann lief er weg, seine Nase war blau.
Rabe:	Versteh ich nicht. Ich könnte schwören,
	er wollte mich doch singen hören.
	Ich hab Tränen in seinen Augen geseh'n.
	Vielleicht fand er meinen Gesang zu schön.

Bernhard Lins

Im Frühling

Finn und Frieda finden den Frühling

Finn und Frieda rannten zur Haustür.
Sie waren spät dran.
Die ganze Familie hatte verschlafen.
Das gab es sonst nie.
5 Ihre Mutter meinte, der Grund sei Frühjahrsmüdigkeit.
Ihr Vater nickte und gähnte ausgiebig.
Finn und Frieda fanden, dass die Erklärung
eine ziemlich müde Ausrede war.
Schließlich gab es vom Frühling noch keine Spur.
10 Und überhaupt – wieso sollte man davon müde werden?
Die Aussicht, zu spät in die Schule zu kommen, war nicht toll.
Finn war als Erster draußen und blinzelte überrascht.
Die Sonne schien ihm warm ins Gesicht.
„Toll!" Er stand einfach da und freute sich.
15 Diese Wärme musste man erstmal genießen, spät dran hin oder her.
„Was ist toll?" Frieda drängelte im Schatten hinter ihm.
Dort war es kalt.

▷ Strategiefilm ▷ Sachfilm

„Es ist warm draußen. Das letzte Mal ist hundert Jahre her!"
„Toll!", sagte Frieda, und: „Huch!"
„Wie: Huch?", fragte Finn.
Dann sah auch er den kleinen Stachelball.

Er hockte reglos neben der Futterschale
für die Nachbarskatzen.
„Ein Igel!" Finn flüsterte,
um den Kleinen nicht zu verschrecken.
„Ein Baby-Igel", murmelte Frieda.
„Wie süß! Aber wieso bewegt
er sich nicht?! Ist er etwa …?"
Sie sprach das Wort nicht aus.

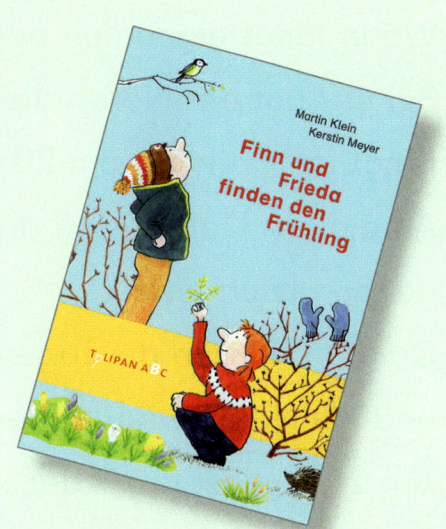

„Quatsch." Finn schüttelte den Kopf.
„Das machen Igel immer so, wenn jemand in der Nähe ist. Pass auf."
Er hockte sich hin und streckte vorsichtig die Hand aus.
„Nicht!", rief Frieda ängstlich,
aber Finn gab dem Stachelball einen Stups.
Der schwankte hin und her und dann lag er wieder still.
Dann lief der kleine Igel schwerfällig davon.
Er schlingerte wie auf Glatteis und schnaufte wie Opa.
Raschelnd und rasselnd verschwand er im Laub
unter den Vorgartenbüschen.
Die Kinder schauten ihm nach und Frieda rief:
„Pass gut auf dich auf!"

Text: Martin Klein / Bilder: Kerstin Meyer

Schnupper-Seite: Im Frühling

Der Frühlingsanfang

Wann fängt eigentlich der Frühling an?
Bei uns auf der Nordhalbkugel der Erde
fängt der Frühling am 20. März an.
An diesem Datum sind der Tag und die Nacht
genau gleich lang.
Danach werden die Tage immer länger
und die Nacht wird immer kürzer.
Am 21. Juni ist dann der längste Tag des Jahres.
Und wenn wir Glück haben,
wird es auch jeden Tag ein bisschen wärmer.

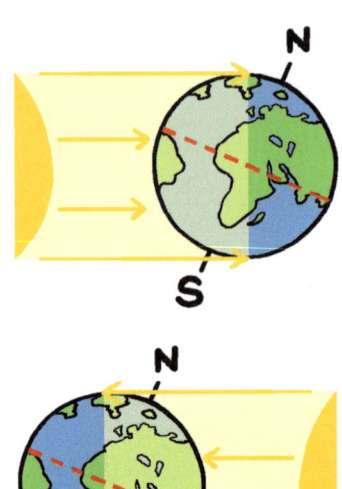

Frühlingsblühen

Wenn die Frühlingsblumen blühen,
steh'n die Wiesen voll mit Kühen,
welche sich der Blüten freuen,
sie fressen und dann wiederkäuen.

Paul Maar

Aus **R** wird **H**!

Von der Raupe zum Schmetterling

Einen Löwenzahn-Löwen basteln

1. Nimm ein festes Blatt Papier oder ein Stück Pappe.
2. Lege einen Teller auf das Papier. Zeichne mit einem Stift einen Kreis um den Teller.
3. Schneide den Kreis aus.
4. Sammle Löwenzahn-Blüten und klebe sie ringsherum auf.
5. Male deinem Löwen ein Gesicht.

Fertig ist dein Löwenzahn-Löwe!

Rigo und Rosa – Fliegen

Vor etwa zwei Wochen hatte Rosa die Raupe gesehen.
Die Raupe hatte die Brennnessel verlassen
und suchte sich einen geschützten Platz an der Mauer.
Wenig später hing dort ein golden glänzendes Ding.
5 Rosa zeigte es Rigo und erklärte ihrem Leoparden:
„Verpuppt. Die Raupe verpuppt sich und
schlüpft danach als Schmetterling in ihr zweites Leben."
Rigo wusste das auch, ließ es sich aber dennoch gern erklären.

Und seither gingen beide jeden Tag zur Mauer
10 und schauten, ob der Schmetterling geschlüpft war.
Endlich war es so weit. Der Schmetterling saß da
und wippte unsicher mit den Flügeln.
Bald würde er fliegen können.
Rosa war begeistert von dieser Verwandlung.
15 Die Maus nahm Blätter und Gräser.
Sie wickelte sich ein, zwirbelte, schnürte und knotete.
Bald war von Rosa nichts mehr zu sehen.
Nur ein ziemlich unförmiges Paket lag da.

Ganz still wartete Rosa in ihrer engen Hülle.
Es war dunkel und warm da drinnen.
Die Maus bewegte sich nicht. Lange wartete sie.
Rosa spürte ein Kribbeln. Ob das der Anfang der Veränderung war?
Sie blieb ganz still.
Rigo schnupperte: „Rosa, wo bist du?"
Rosa kicherte: „Ich habe mich verpuppt.
Ich werde jetzt zu einer Schmettermaus."
Rigo wartete geduldig neben der verpuppten Maus.

Endlich beschloss Rosa, dass es Zeit war.
Sie ruckte und zuckte, und ihre Hülle bekam Risse.
Die Schmettermaus befreite sich.
Rosa nahm zwei große, schöne Ahornblätter und wippte damit.
Sie streckte sich und trippelte mit den Blätterflügeln umher.
Dann lief sie zum Baumstrunk, drehte sich darauf im Kreis
und wiegte sich mit ihren Flügeln hin und her. Die Schmettermaus
flatterte, lief lautlos und schnell umher und tanzte. Tanzte! Tanzte!
Jetzt geschah es: Der Schmetterling kam.
Er flatterte zu Rosa und tanzte mit ihr: hin und her, auf und ab.
Dann flog er im Sonnenlicht davon.
Für Rosa war es ein Glücksmoment. Und Rigo hatte es gesehen.
Das machte den Moment noch viel schöner.

Text: Lorenz Pauli / Bilder: Kathrin Schärer

Der Kuckuck und der Esel

Der Ku-ckuck und der E-sel, die hat-ten ei-nen Streit: Wer wohl am bes-ten sän-ge, wer wohl am bes-ten sän-ge, zur schö-nen Mai-en-zeit, zur schö-nen Mai-en-zeit.

Der Kuckuck sprach: „Das kann ich",
und fing gleich an zu schrei'n.
„Ich aber kann es besser,
ich aber kann es besser",
fiel gleich der Esel ein,
fiel gleich der Esel ein.

Das klang so schön und lieblich,
so schön von fern und nah,
sie sangen alle beide,
sie sangen alle beide:
„Kuckuck, kuckuck, i-a,
kuckuck, kuckuck, i-a".

Heinrich Hoffmann von Fallersleben

Wann ist Ostern?

Habt ihr euch auch schon einmal gefragt,
warum Ostern jedes Jahr
an einem anderen Datum gefeiert wird –
mal im März, mal im April?
Das hängt vom Mond ab.
Ostern ist immer dann,
wenn der erste Frühjahrs-Vollmond
am Himmel steht. Gefeiert wird immer
am darauffolgenden Sonntag.
Dieser Brauch wurde von den Christen
vom jüdischen Passah-Fest übernommen.

Warum feiert man Ostern?

Christen feiern an Ostern die Auferstehung Jesu.
Man feiert aber auch das Ende des Winters
und freut sich auf das neue Erwachen der Natur.
Der Frühling und die Zeit um Ostern
bedeuten auch, dass neues Leben entsteht.
Die Natur erwacht jetzt aus ihrem Winterschlaf.
Die ersten Blüten und
die ersten neugeborenen Tiere
bedeuten neues Leben.
Das ist doch ein Grund zum Feiern – oder?

Kresse-Osterhasen basteln

Du brauchst:
- eine Klopapier-Rolle
- ein kleines Folientütchen
- einen Tacker
- etwas Erde
- Kressesamen
- Wackelaugen
- Stifte zum Bemalen

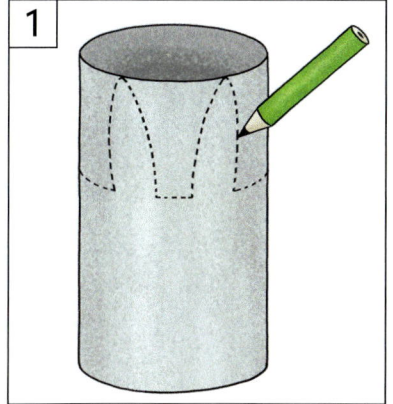
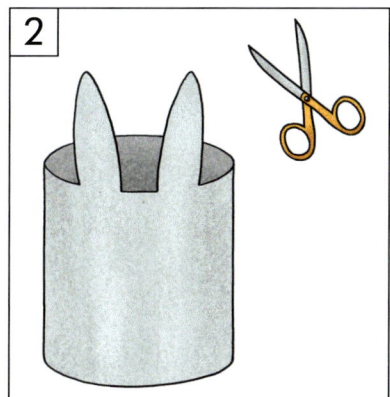

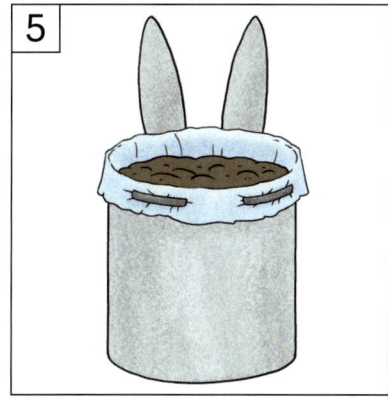

Zehn kleine Osterhasen

Spielstück für 5 Erzähler, 5 Erzählerinnen und 10 Hasen

1. Erzähler:	Zehn kleine Osterhasen liefen durch den Klee.
1. Hase:	Für heute habe ich genug. Mir tun die Beine weh.
1. Erzählerin:	Neun kleine Osterhasen rührten Farbe an.
2. Hase:	Da fiel ich in den Farbentopf. Ich bin Sebastian.
2. Erzähler:	Acht kleine Osterhasen färbten Ei um Ei.
3. Hase:	Ich bin der Kleinste und bin müd, ohwei, ohwei, ohwei.
2. Erzählerin:	Sieben kleine Osterhasen malten noch so gern.
4. Hase:	Da hau ich ab, ich hab genug und schaue lieber fern.
3. Erzähler:	Sechs kleine Osterhasen aßen zu viel Kohl.
5. Hase:	Ich muss aufs Klo, ich fühle mich nicht ganz so richtig wohl.
3. Erzählerin:	Fünf kleine Osterhasen malten lange schon.

Wer kann das singen?

6. Hase: Habt ihr das Läuten nicht gehört?
Ich muss ans Telefon.

4. Erzähler: Vier kleine Osterhasen
plagten sich so sehr.

7. Hase: Nun ist die Zeitung endlich da.
Da hält mich keiner mehr.

4. Erzählerin: Drei kleine Osterhasen
tranken Tee mit Rum.

8. Hase: Ich mache schlapp.
Ich kann nicht mehr.
Ich falle leider um.

5. Erzähler: Zwei kleine Osterhasen
schafften so wie zehn.

9. Hase: Mir fallen schon die Augen zu.
Ich muss jetzt schlafen gehn.

5. Erzählerin: Ein kleiner Osterhase
hatte Riesenstress.

10. Hase: In höchster Not, an alle ging,
gleich eine SMS.

Alle Erzählerinnen und Erzähler:
    Neun kleine Osterhasen
liefen schnell herbei,
und es malten alle zehn
wieder Ei um Ei.

Bernhard Lins

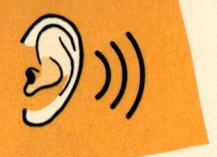

Hör mal

Mein Nachbar liest ein Buch

PSSST! Ruhe.
    Der Nachbar liest.
    Der Nachbar liest ein Buch.

BOING BOING
    Das Mädchen spielt.
    Das Mädchen spielt mit dem Ball.

KLOPF
    Der Nachbar klopft.

PSSST! Ruhe.
    Der Nachbar liest.
    Der Nachbar liest ein Buch.

LA-LA-LA
    Das Mädchen singt.
    Das Mädchen singt ein Lied.

KLOPF KLOPF
    Der Nachbar klopft, wütend.

PSSST! Ruhe.
    Der Nachbar liest.
    Der Nachbar liest ein Buch.

TAMM TAMM TAMM
    Das Mädchen schlägt.
    Das Mädchen schlägt auf die Trommel.

▷ Strategiefilm   S. 184

KLOPF KLOPF KLOPF

    Der Nachbar klopft, sehr wütend.

KLACK KLACK KLACK

TRIPPEL TRIPPEL TRAPPEL

DOING DOING DOING

PSSSSST!

    Der Nachbar liest.
    Der Nachbar liest nicht mehr.
    Buch zu
    Jacke an
    Schal um
    Licht aus
    Der Nachbar hat eine Idee.

KLOPF KLOPF KLOPF

    Ein Paket.
    Ein Paket vom Nachbarn.

OH ... Ein Buch.

Text und Bilder: Koen Van Biesen

Schnupper-Seite: Hör mal

Fisches Nachtgesang

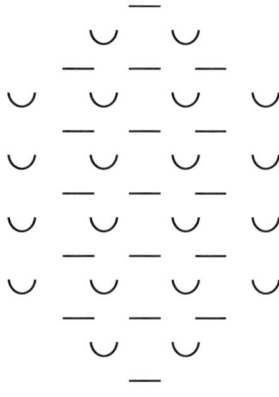

Christian Morgenstern

Kennst du's?

Von Mu**schel** zu Mu**schel**
lau**ter** Ge**tu**schel,
lau**ter** Ge**qua**ssel,
lau**ter** Schla**ma**ssel,
lau**ter** Ge**quak** –
und das je**den** Tag!

Ortfried Pörsel

Geräusche-Wörter

Fahr**radklingel**: dring**drong**!
Zahn**pasta**tube: spritz!
Kla**vier**: klim**per**klim**per**!
Ball: doing!
T**e**lefon: dü**de**lüt dü**de**lüt!
Gum**mi**ente: quiiiietsch!

Aus **M** wird **L**!

Wie klingt ein Klettverschluss?
Wie klingt …?

Geräusche raten

Ein Kind macht die Augen zu.
Du machst Geräusche:

Blättere eine Heftseite um.

Beiße in einen Apfel hinein.

Spitze einen Bleistift an.

Ziehe einen Reißverschluss hoch.

Schraube eine Flasche zu.

Mache einen Klettverschluss auf.

Reiße ein Blatt Papier durch.

Erkennt das Kind, was du machst?

Stille Post

Setze dich mit mehreren Kindern in einen Kreis.
Denke dir einen Satz aus.
Flüstere den Satz einem anderen Kind ins Ohr.
Das Kind flüstert den Satz weiter und so fort.
Das letzte Kind im Kreis sagt den Satz laut.
Ist deine stille Post richtig angekommen?

Der Geräuschehändler und die Straßenlaterne

In einer Straße dieser Stadt steht ein Haus,
das dir bestimmt noch nicht aufgefallen ist,
denn es sieht ganz gewöhnlich aus.
Es hat drei Stockwerke und ist grün gestrichen.
5 In diesem Haus hat der Geräuschehändler
unten im Erdgeschoss seinen Laden.
Dieser ist gefüllt mit Regalen voller Gläser und Schachteln,
Holzkästen und Tütchen, Blechdosen und Lederbeuteln
aller Größen und Formen. Hinten im Lager stehen
10 zahllose Säcke aus grober Jute, feinem Leinen und braunem Packpapier.
Und wenn du ganz still bist, dann kannst du vor dem Laden bereits
leises Rumpeln und Quietschen, Summen und Brummen,
Knattern und Rattern hören.

An diesem **Montagmorgen** schließt der Geräuschehändler
15 seinen Laden auf und gähnt. Und während er noch hinter den Tresen schlurft,
läutet die Türglocke bereits. Aber nicht heiter wie sonst –
nur ein müdes Schnarren ist zu hören.
Die Straßenlaterne von der Kreuzung tritt ein.

„Oh, Geräuschehändler", gähnt sie,
„Du musst mir helfen. Ich kann nachts einfach nicht leuchten.
Es ist so still. Ich schlafe immer ein. Kaum Autos, keine Menschen,
nur eine einzige Straßenbahn, um halb eins. Sonst nichts.
Bitte, ich brauche dringend deine Hilfe!", jammert sie.
„Verstehe", sagt der Geräuschehändler und nickt.
Er nimmt ein leeres Papiertütchen vom Stapel und geht ins Lager.
Dort öffnet er einen Jutesack und lässt Auto-Vorbeifahr-Geräusche herauswehen.
„Horch mal", ruft er, „wäre das gut?"
„Oh, wunderbar!", ruft die Straßenlaterne.
Der Geräuschehändler packt eine Handvoll davon in das Tütchen.
Zurück im Lager fragt er: „Auch ein bisschen Straßenbahn?"
„Oh, sehr gern." Die Laterne nickt heftig.
Der Geräuschehändler öffnet eine Blechdose,
aus der sofort das Schleifen der Räder auf den Schienen herausschrillt.
„Oh, wie herrlich." Die Laterne ist entzückt.
„Wie wär's mit einem ordentlichen Bremsquietscher?"
„Oh, die mag ich besonders gern", sagt die Laterne.
„Und einen Hauch schimpfender Autofahrer vielleicht?
Wenn meine Ampelfreundin auf Rot springt, dann haben wir immer so viel Spaß!"

Text: Kathrin Rohmann / Bilder: Jule Wellerdiek

Mein Glück

Draußen kreischt
die Straßenbahn.
Drüben grölt
ein Blödian.
5 Über mir tobt ein Klavier,
nebenan
ein Hundetier.
Unten
dröhnt ein Radio,
10 und das Wasser
rauscht im Klo.
In der Küche
pfeift der Topf,
und ein Hammer
15 übt klopf-klopf.
Doch mir macht das
gar nichts aus –
Denn ich bin ja nicht
zu Haus.

Max Kruse

Bau dir ein Musikinstrument

Du brauchst:
- einen ausgespülten Tetrapak
- 6 Musterklammern
- 3 gleich lange Gummis
- einen Lolli-Stiel

So gehst du vor:

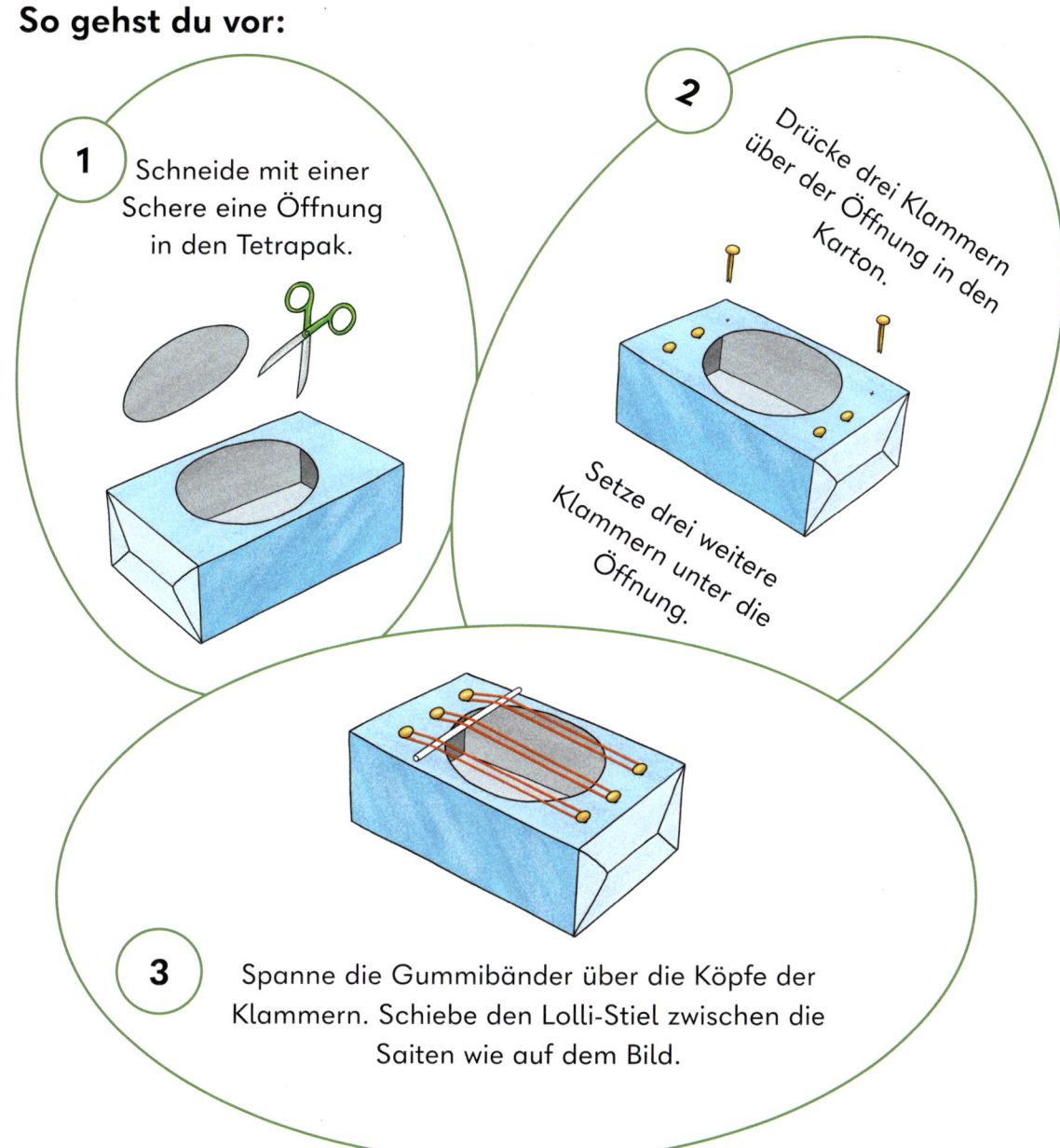

1 Schneide mit einer Schere eine Öffnung in den Tetrapak.

2 Drücke drei Klammern über der Öffnung in den Karton. Setze drei weitere Klammern unter die Öffnung.

3 Spanne die Gummibänder über die Köpfe der Klammern. Schiebe den Lolli-Stiel zwischen die Saiten wie auf dem Bild.

Geräusche und Klänge aufnehmen

Manchmal gefällt uns das, was wir hören, so sehr,
dass wir es immer und immer wieder hören wollen.
Dafür muss es aufgenommen und gespeichert werden.

1877

Phonograph:
Das erste Gerät zur Tonaufzeichnung *
mit Hilfe von Tonwalzen

1887

Grammophon:
Aufzeichnung auf
einer Schallplatte

1887

Schallplatte
Die Schallplatte ist auch heute noch
beliebt und wird von Musikfreunden
für ihren besonderen Klang geschätzt.

* Tonaufzeichnung: Klänge, die auf einem Tonträger gespeichert werden

Hörverstehen

1935

Tonbandgerät:

Aufzeichnung auf einem Tonband

1963

Kassette:

Tonträger ist auch hier ein Tonband

1995

MP3-Datei:

Digitale Aufzeichnung

Romana Romanyschyn

Leah zeigt's uns

Wenn Leah dir „Hallo" sagt, hörst du sie nicht.
Stattdessen hebt sie die Hand und winkt kurz.
Und natürlich lächelt sie dich an.
Seit ihrer Geburt hat die Sechsjährige kein gesprochenes Wort gehört,
kein gesungenes Lied, keine läutende Fahrradklingel.
Trotzdem hat sie jeden Tag genauso viel Spaß wie du.
Morgens geht sie in einen Kindergarten,
den schwerhörige und gehörlose Jungen und Mädchen besuchen.
Mit ihrer Erzieherin und ihren Freundinnen
unterhält sich Leah in der Gebärdensprache.

Weil Leahs Eltern und Geschwister ebenfalls gehörlos sind,
herrscht bei ihren Mahlzeiten große Stille.
Aber trotzdem erzählen sie sich von ihren Erlebnissen, lachen viel –
und manchmal streiten sie sich auch. Ist doch klar.

Die Gebärdensprache

Mit der Gebärdensprache verständigen sich alle Gehörlosen
so fix wie die Hörenden mit gesprochenen Worten.
Auf der Welt gibt es mehr als 130 verschiedene Gebärdensprachen.
Für die meisten Wörter und Ausdrücke führen die Gehörlosen
Bewegungen mit ihren Händen und dem Mund aus.
Ungewöhnliche Wörter und Namen können mit den Fingern
buchstabiert werden. Probierst du es mal aus?
Die Übersicht rechts zeigt dir alle Buchstaben
des deutschen Gebärdenalphabets.

GEOmini

Natur entdecken

Willkommen auf der Wiese

Hallo, ich bin Bommel.
Die Wiese ist mein Zuhause.
Beim Spazierengehen kannst du erleben, wie schön die Wiese ist!
Bis in den Herbst hinein leuchtet sie in bunten Farben
5 und überall brummt und summt es.
Zwischen den langen, schmalen Grashalmen
wachsen viele verschiedene Pflanzen.
Hier und da blühen bunte Blumen
und unterschiedliche Tiere krabbeln und fliegen herum.
10 Manche Tiere sind hier zu Hause, manche kommen nur als Besucher,
auf der Suche nach Nahrung.
In der Früh, wenn noch der Morgentau auf dem Gras liegt,
sind wir Hummeln die Ersten auf der Wiese.
Nach einer Weile sind auch einige Bienen unterwegs!

Die Blumen locken uns mit schönen Farben und ihrem guten Duft an.
Wir schlürfen ihren süßen Nektar und sammeln Blütenstaub.
Dabei bleibt ganz nebenbei auch ein bisschen Blütenstaub
an unserem feinen Haarkleid hängen und
wird weiter zur nächsten Blüte getragen.
So bestäuben wir die Blüten und bei vielen Pflanzen entwickeln sich
Samen und Früchte und sie vermehren sich.
Wir Hummeln und die Bienen gehören
zu den wichtigsten Bestäuberinsekten!
Ohne uns würde es viele unserer Pflanzen nicht geben.
Obstbäume zum Beispiel.
Es ist also wichtig, gut für uns zu sorgen.

Text: Britta Sabbag, Maite Kelly / Bild: Joelle Tourlonias

Schnupper-Seite: Natur entdecken

Die Pflanze wächst

Die Pflanze
Die Pflanze wächst
Die Pflanze wächst aus
Die Pflanze wächst aus Samen und
Die Pflanze wächst aus Samen und bildet
Die Pflanze wächst aus Samen und bildet Wurzeln,
Die Pflanze wächst aus Samen und bildet Wurzeln, Stängel
Die Pflanze wächst aus Samen und bildet Wurzeln, Stängel und
Die Pflanze wächst aus Samen und bildet Wurzeln, Stängel und Blätter.

Hummel

Lateinischer Name: Bombus
Größe: 11–17 mm
Gewicht: 120 mg
Geschwindigkeit: bis zu 20 km/h
Lebensdauer: 28 Tage (Arbeiterin), 1 Jahr (Königin)
Nahrung: Nektar, Pollen
Natürliche Feinde: Vögel, Wespen, Hornissen, Wachsmottenlarve, Marder
Verbreitung: Europa, Asien, Nordafrika, Amerika

Das kannst du für Insekten tun: ---   Ein Wildblumenbeet im Garten oder auf

Wusstest du schon?

- Für einen Teelöffel Honig
  müssen zwölf Bienen ihr Leben lang arbeiten.
- Eine Hummel sammelt von Februar bis November
  täglich bis zu 18 Stunden Pollen und Nektar
  und besucht dabei bis zu 26 Blüten pro Minute.
- Hummeln stehen unter Artenschutz und dürfen nicht gefangen
  oder getötet werden und ihre Nester darf man nicht zerstören.
- Auch Hummeln haben einen Stachel.

Honigbiene

Lateinischer Name: Apis
Größe: 10–15 mm
Gewicht: 82 mg
Geschwindigkeit: bis zu 28 km/h
Lebensdauer: 35 Tage (Arbeiterin), 3–5 Jahre (Königin)
Nahrung: Nektar, Pollen, Honigtau
Natürliche Feinde: Vögel, Wespen, Hornissen, Bienenlaus, Varroamilbe
Verbreitung: weltweit (außer Antarktis)

Basilikum

Ich dichte auf Basilikum
das steht in meiner Küche rum
das steht dort ganz alleine
hat Stiele und nicht Beine.

Ute Wegmann

lkon anlegen.   ---   Küchenkräuter blühen lassen.   ---   Ein Bienenhotel bauen.

Himmlische Düfte

Viele Pflanzen riechen stark, deswegen schnuppern wir auch
so gern an Blumen, etwa an Rosen, Veilchen oder Nelken.
Oft sind es aber auch die Blätter und Stängel, die heftig duften.
Diese Superkraft kann nicht nur den Pflanzen,
sondern auch uns helfen.
Duftende Superpflanzen kannst du vor allem im Sommer
auf der Blumenwiese erschnuppern.
Superpflanzen mit starkem Duft oder Geschmack
kommen bei uns oft als Kräuter und Gewürze ins Essen.
Sie werden als Tee getrunken oder zur Zubereitung
von duftenden Cremes und Seifen benutzt.

Anne Scheller

Was ist dein Lieblingsduft?

Witzige Pflanzennamen

Auf der Wiese wächst eine bunte Mischung
verschiedener Pflanzen, vor allem Gräser.
Dazu zählen zum Beispiel das Knäuelgras ①,
der Wiesenfuchsschwanz ② und das Wollige Honiggras ③.
Ihre witzigen Namen verdanken die Gräser ihrem Aussehen.

Christina Braun

Hörverstehen   Test-KV 11

Brennnesseln sind Superhelden

Um sich Feinde vom Leib zu halten, greifen manche Pflanzen
zu richtig krassen Superkräften.
Sie verbrennen das Opfer! Nicht mit Flammen,
sondern mit chemischen Stoffen, die ein brennendes Gefühl hervorrufen.
Die Brennnessel ist superschlau: Wenn einmal Brennhaare berührt wurden,
bildet sie ab diesem Zeitpunkt auf allen neuen Blättern
mehr Brennhaare als vorher!
Ihre Superkraft wird also stärker und stärker.

Brennnesseln pflückt man mit dicken Handschuhen – oder ohne.
Die Brennhaare wachsen nämlich immer leicht schräg von unten nach oben.
Sie brechen nur, wenn du sie gegen den Streich berührst.
Fasst du die Pflanze aber von unten nach oben an, legen sich die Haare
harmlos an, und dir geschieht nichts.

Fragst du dich, warum man überhaupt Brennnesseln pflücken will?
Die Antwort: Als Dünger für Pflanzen oder für dich!
Die grünen Blätter sind nämlich enorm gesund.
Mit heißem Wasser übergossen wird aus den Blättern ein gesunder Tee.
Oder du dünstest sie mit Zwiebeln in Öl oder Butter.
Man kann sie wie Spinat essen.
Wenn du Brühe und Sahne hinzugibst, dann hast du eine leckere Suppe.
Würzen nicht vergessen!

Christina Braun

Die Wette

Einmal in der Woche besucht Lilo ihren Freund Hein in seiner Gärtnerei.
Lilo liebt Pflanzen und weiß ganz viel über sie.
„Sie brauchen Liebe und man muss sie gut behandeln,
damit sie wachsen", sagt sie.
5 „Hauptsache, sie kriegen genug Sonne und Wasser!", antwortet Hein.
„Wetten wir?", fragt Lilo.
„Jeder kümmert sich vier Wochen um ein Pflänzchen.
Dann treffen wir uns wieder und gucken, welche besser gewachsen ist.
Wer gewinnt, bekommt vom anderen einen Preis."
10 „Abgemacht", sagt Hein.
„Abgemacht", sagt Lilo.

Lilo bringt ihr Pflänzchen nach Hause und beschließt zu gewinnen.
Sie lässt es nie alleine, gießt es, stellt es tagsüber ins Sonnenlicht
und erzählt ihm jeden Abend eine Gutenachtgeschichte.
15 Hein gießt sein Pflänzchen regelmäßig.
Lilo zeigt ihrem Pflänzchen, wie groß es einmal werden kann.
Außerdem weiß sie genau, wie gerne Pflanzen Musik mögen.
Hein ist wütend: „Du verwunschenes Hexengewächs,
du mickriges Sauböhnchen, willst du wohl endlich wachsen?", schimpft er.

Wenn sich Lilo mit ihrer besten Freundin Lotte zum Spielen trifft,
darf das Pflänzchen immer dabei sein.
„Komm, wir spielen Gewächshaus:
Du bist ich und ich bin Hein", schlägt Lilo vor.
„Das Pflänzchen darf die Palme sein."

Hein ist sehr ungeduldig, denn die vier Wochen sind schon fast vorbei.
Er versucht, sein Pflänzchen großzuziehen. Da passiert ihm ein Missgeschick ...

Nach genau vier Wochen kommt Lilo wieder in die Gärtnerei.
„Wie hast du das bloß gemacht?", staunt Hein.
„Ich verrat's dir!", sagt Lilo und lächelt.
„Aber dann will ich meinen Preis!"
Lilo bekommt von Hein den allertollsten Preis der Welt!
Und seitdem wachsen auch Heins Pflanzen viel besser!

Antje Damm

Alle nutzen Medien

Hilfe! Das Internet ist weg!

Sammy liebte sein Tablet.
Er liebte es so sehr, er wollte nichts anderes mehr machen.
Er schaute sich Millionen von Katzenvideos an.
Er spielte Milliarden Online-Spiele.
5 Und er machte Billionen von ach-so-schönen Selfies.
Doch dann, ganz plötzlich, bewegte sich **nichts mehr**
auf dem Tablet.
Es passierte einfach nichts mehr.
Er konnte nicht mehr wischen, blättern oder klicken.
10 Es sah aus, als wäre das Tablet auf Pause geschaltet.
Einen Moment lang schaute Sammy das Tablet ungläubig an.
Und dann wurde er SEHR. SEHR. SAUER!!!

Seine Eltern kamen, um zu sehen was los war.
Sie baten Sammy, sich nicht aufzuregen,
nur weil auf seinem Tablet nichts mehr passierte.
Dann schauten sie auf ihre eigenen Geräte.
Und sie wurden SEHR. SEHR. SAUER!!!
Auf ihren Bildschirmen passierte auch nichts mehr!
Also warteten sie, dass sich auf ihren Geräten wieder etwas rührte.
Und warteten. Und warteten. **Uuuund warteten** …
Alle fühlten sich dabei sehr, sehr schlecht.
Am Ende gab Sammys Familie auf und schaltete alle Geräte aus.
Zunächst wussten sie nicht, was sie nun machen sollten.
Doch dann passierte etwas Eigenartiges.
Sie bemerkten Dinge, die ihnen sonst nie aufgefallen waren:
Wolken, die wie Tiere aussahen.
Das quirlige Flattern von Schmetterlingen.
Das schöne Gefühl, jemanden zum Lächeln zu bringen.

Text: R. L. Ullman / Bilder: Bhumi Loupito

Schnupper-Seite: Alle nutzen Medien

Hier sind sechs Medien versteckt. Findest du sie?

D	G	I	A	T	P	F	U	E	O	T	R	J
L	I	F	B	I	Y	E	P	W	H	H	J	C
Y	A	Z	F	V	Q	R	U	O	J	J	Z	T
S	T	J	Q	E	J	N	O	V	D	Z	M	A
M	H	A	N	D	Y	S	F	X	E	U	Q	B
A	T	T	F	L	E	E	Q	R	V	U	I	L
R	F	Q	R	N	B	H	Q	U	S	Z	E	E
T	E	G	F	K	E	E	R	A	D	I	O	T
P	H	I	E	O	W	R	G	T	O	K	W	C
H	B	V	V	O	C	O	M	P	U	T	E	R
O	I	I	M	T	V	B	G	F	P	J	B	L
N	L	S	V	N	U	I	V	S	T	W	S	Q
E	P	F	U	N	Q	O	M	S	M	D	F	D

Aber nicht ins Buch schreiben.

Was möchten dir diese kleinen Zeichen sagen?

fröhlich   traurig   lustig

     gelangweilt   ängstlich

verliebt

wütend   überrascht    zufrieden   verlegen

140   S. 185

Was kann man mit dem Smartphone alles machen?

Bilder malen 　　Bücher lesen

　　Kuchen backen 　　Rezepte suchen

jemanden anrufen 　　Nachrichten schreiben

 rechnen　　 Geräusche aufnehmen

Filme drehen 　　Musik hören 　　Hörspiele hören

basteln 　　den richtigen Weg finden

Telefonnummern suchen 　　kuscheln

Stimmt das?

*Wer zu viel vor dem Computer sitzt,
bekommt eckige Augen!*

Nein, das ist ein Spruch von Eltern.
Damit wollen sie die Kinder
5　davon abhalten, zu lange
vor dem Computer oder auch
vor dem Fernseher zu sitzen.

Richtig ist: Wer lange
auf einen Bildschirm starrt,
10　blinzelt selten. Die Augen
werden müde und trocken.
Oft röten sie sich und brennen.
Und man bekommt Kopfweh.
Deshalb sollte man nicht
15　zu lange vor der Kiste hocken.

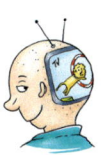

Aus **a** wird **o**!

Der Familien-Chat

> Kann ich mich noch mit Emre verabreden? 🙏

Mama
Ihr wart doch schon gestern verabredet.

> Bitte! Wir wollen zusammen Eis essen 😋 und dann noch bei Emre spielen.

Mama
Wie sieht es denn mit Hausaufgaben aus?

> Hab ich alle schon im Hort gemacht.

Mama
🤞 Gut. Dann hole ich dich um 17 Uhr bei Emre ab.

> Geht nicht auch 18 Uhr? 🤔

Mama
Nein, dann wird es zu spät fürs Abendessen.

> Nur heute. Biiiiiittttte 🙏🙏🙏

Mama
Wir machen einen Kompromiss: Ich hole dich um 17:30 Uhr ab. Bis dann 👋

> 👍😎

Was ist eine App?

Eine App ist ein kleines Programm, das man sich
auf das Smartphone oder Tablet laden kann.
„App" ist eine Abkürzung für das englische Wort „application".
Das bedeutet „Anwendung".
5 Apps gibt es für alle möglichen Bereiche:
fürs Spielen, Lesen, Chatten, zum Üben von Vokabeln,
für die Wettervorhersage und viele weitere Sachen.
Auch für Kinder ist viel dabei: Kinderspiele oder Kinderbuch-Apps.
Hast du schon eine Lieblings-App?
10 Vorsicht! Bevor man sich eine App herunterlädt,
sollte man prüfen, ob sie etwas kostet.
Viele Apps kosten nämlich erst einmal kein Geld.
Für bestimmte Funktionen musst du aber bezahlen –
manchmal sogar sehr viel.
15 Es gibt aber Möglichkeiten zu verhindern,
dass du aus Versehen etwas Teures herunterlädst.
Bitte denke also daran: Lade nur mit deinen Eltern Apps auf dein
Tablet oder Smartphone!

PAPA　　LUCA　　LAURA　　MAMA

Mama ist offline

Hey, ich bin Carlotta!
Und das da drüben auf dem Sofa, vor dem Fernseher,
ist Henri, mein Zwillingsbruder!
Sein Fußwärmer ist unser Hund Doktor Gurki ...
5 Papa ist beim Sport und Mama sitzt
vor ihrem nigelnagelneuen Super-Computer.

Mama ist echt cool.
Sie hat über achthundert Freunde auf Facebook,
ist in mindestens siebenunddreißig WhatsApp-
10 Gruppen, schaut alle halbe Stunde, was auf Twitter
passiert, skypt mit ihren Freundinnen,
und seit Neuestem hat sie sogar Snapchat.
Sie hat immer das neueste Smartphone,
kennt sich super mit Computern und Apps aus und
15 findet, dass unsere Wohnung digital noch einiges
verträgt. Aber was nützt uns das?

Selbst jetzt in den Ferien dürfen wir nicht länger
als sonst auf dem Tablet spielen oder Videos gucken.
Und Papa ist schuld!

20 Wenn es nach ihm ginge,
hätten wir ein Telefon mit Kabel und ohne Tasten,
würden nur Radio hören, Brettspiele spielen
und Bücher lesen, und das wär's.
Okay, ab und an dürften wir auch mal fernsehen.
25 Schwarz-Weiß-Filme, die er super fand, als er klein
war. Aber das war ja auch im Mittelalter.
Ihr versteht mich, oder?
Wenigstens sind Ferien!

Mama und Papa haben sich extra freigenommen,
30 damit wir alle zusammen etwas unternehmen können.
Aber Mama wird ihre Arbeit bestimmt sehr vermissen.
Sie arbeitet als Grafikerin in einem Büro, in dem sie
alles Mögliche digitalisieren.
Bei ihrer Arbeit passiert immer sehr schnell sehr viel
und deshalb ist sie manchmal auch sehr im Stress,
35 Immer, findet Tante Uli, Mamas Schwester,
die neben uns wohnt. Schon heute Morgen
beim Frühstück hat sich Papa aufgeregt,
weil Mama als Erstes ihre Mails gecheckt hat.
Sie hat wahrscheinlich Angst,
40 dass sie etwas Superwichtiges verpassen könnte.

Anette Beckmann

Die Sendung mit dem Elefanten

Der Elefant ist blau und schlau.
Er ist ein Freund vom Kikaninchen.
Das Kikaninchen hat deshalb
für den Elefanten
ein Gedicht geschrieben.

Elefantabet

D rollig
E lefantastisch
R und wie ein Fußball

E hrlich
L iebenswürdig
E cht schlau
F ür alles zu haben
A ufgeweckt
N eugierig und nett
T rötet laut mit seinem Rüssel

Schreibe doch so ein Gedicht zu deinem Namen!

Das Kikaninchen

Auf der Internetseite
vom *Kikaninchen* kannst du
kleine Filme anschauen,
zum Beispiel „Ich bin ich"
5 mit spannenden Geschichten
über Kinder. Es gibt aber auch
viele Ideen zum Basteln,
zum Kochen und zum Spielen.
Außerdem findest du Ausmalbilder
10 auf der Internet-Seite
vom Kikaninchen.
Oder du lädst dir ganz einfach
die *Kikaninchen-App* herunter.

Ein Daumenkino basteln

Mit einem Daumenkino kannst du eine Figur bewegen – wie im Film.

Du brauchst:
- 20 kleine weiße Blätter
- einen Bleistift
- bunte Stifte
- Heftklammern

So geht's:

• Lege alle Blätter auf einen Stapel. • Zeichne auf das erste Blatt ein Bild, z.B. eine Ente oder einen Hasen.	
 	• Halte die Seite gegen eine helle Fensterscheibe. • Lege eine zweite Seite darüber, pause sie ab und verändere sie ein bisschen. • Nimm die neue Zeichnung und lege wieder ein Blatt darüber. Pause die Zeichnung ab und verändere sie wieder ein bisschen. • Gehe so vor, bis du alle Seiten gezeichnet hast.
	• Lege alle Seiten in der richtigen Reihenfolge aufeinander und klammere sie zusammen.

Fragen an Christoph Guder, den Hörspiel-Macher

Wie lange dauert es, ein Hörspiel aufzunehmen?

Je nach Hörspiel-Länge ungefähr 8 - 12 Stunden.

Sind die Sprecher eigentlich älter als die Rollen, die sie spielen?

Manchmal sind die Sprecher tatsächlich älter als die Rollen, die sie spielen. Zum Beispiel bei den Teufelskickern sind einige Sprecher schon seit 6 Jahren dabei. Dann haben die z. B. mit 10 Jahren angefangen und sind jetzt schon 16 Jahre alt.

Ist es auch schon mal passiert, dass die Sprecherinnen ihren Text völlig vergessen haben?

Wenn die Hörspiele eingesprochen werden, dürfen die Sprecher natürlich ablesen. Die Kunst ist es dann aber, dass es nicht klingt wie abgelesen, sondern es soll sich richtig lebendig anhören.

Wie werden eigentlich die ganzen Geräusche in den Drei-!!!-Hörspielen gemacht?

Zum Teil werden die Geräusche aus einem riesigen Geräusch-Archiv entnommen und zum Teil kommt für die Aufnahmen dann auch noch ein sogenannter Geräuschemacher. Der sitzt dann im Aufnahmeraum vor dem Mikrofon und tippelt z. B. mit den Füßen, wenn Schritte benötigt werden. Oder er schüttet Wasser in ein Glas oder er raschelt einfach nur mit seiner Kleidung, damit es sich so anhört, als würde sich jemand bewegen.

diedreiausrufezeichen.de

Achtung, Aufnahme!

So kannst du selbst ein Hörbuch aufnehmen,
zum Beispiel zu dem Text „Der Geräuschehändler" auf den Seiten 122 und 123
in diesem Buch.

So bereitest du dich vor:
- Lies den Text für dich allein. Stell dir dabei die Figuren vor.
- Übe das Vorlesen. Stelle dich dabei gerade hin.
- Sprich laut, deutlich und langsam.
- Mache Pausen, zum Beispiel nach einem Punkt.
- Achte auf die Betonung.
- Verändere deine Stimme so, dass sie zu den einzelnen Figuren passt.

So nimmst du den Text auf:
- Nimm dann den Text mit dem Smartphone oder dem Tablet auf.
- Höre dir danach die Aufnahme an:
  Was gefällt dir?
  Was möchtest du verbessern?
- Nimm den Text ein zweites Mal auf.
- Spiele deine Aufnahme anderen vor.
  Frage deine Zuhörerinnen und Zuhörer,
  was ihnen besonders gut gefallen hat.

Im Sommer

Der geheime Strand

Lotta und ihre Eltern packen die große Badetasche
und gehen an den Strand.
Das Meer rauscht, Mama stellt den Sonnenschirm auf
und Papa gibt Kruse eine Schale mit Wasser.
5 Dann machen die beiden es sich
auf dem großen Handtuch bequem.

Lotta seufzt. Sie schaut sich um.
Der Strand ist toll, es gibt Tretboote und Eis.
Nur andere Kinder sind leider nicht in Sicht.
10 Und Mama und Papa?
Die wollen bloß langweilig rumliegen.
So eine Urlaub-Verschwendung!

Lotta plumpst in den Sand und zieht sich
ein Handtuch über den Kopf.
15 Es riecht nach Sonnencreme und Sand.
„Ich bleibe einfach hier drunter", flüstert sie.
„Bis der Urlaub vorbei ist. Ätsch."

Da hört sie plötzlich eine Stimme:
„Wir könnten Muscheln suchen.
20 Oder um die Wette schwimmen."
Lotta stutzt. Sie hebt das Handtuch
hoch und schaut sich um.
Neben ihr sitzt Kruse. Er reckt und streckt sich.
Dabei wird er immer größer.
25 So lange, bis er so groß ist wie der Sonnenschirm.
Er blinzelt ihr zu. „Hast du Lust?"
In Windeseile ist Lotta auf den Beinen.
„Na klar!", ruft sie und wirft das Handtuch zur Seite.

Text: Stephanie Schneider / Bilder: SaBine Büchner

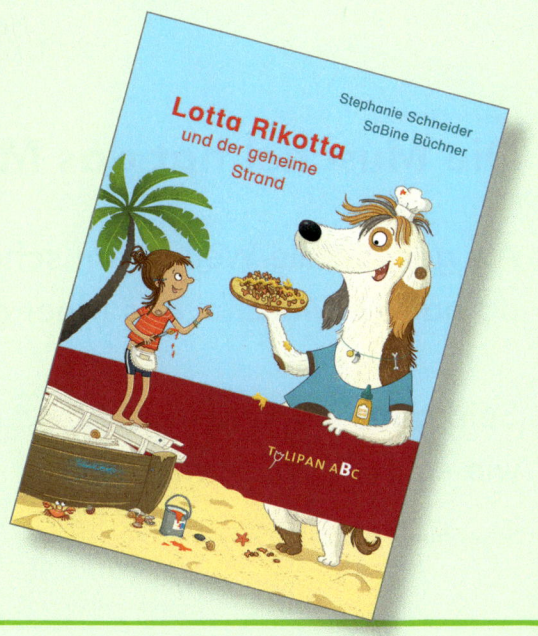

Schnupper-Seite: Im Sommer

Drei wichtige Baderegeln

1. Springe nie erhitzt ins Wasser.
   Kühle dich vorher ab!

2. Bade nicht mit vollem Magen!

3. Verlasse das Wasser sofort,
   wenn du frierst!

Heute: Ausflug in die Berge

Vier Steine rechtzeitig zur Seite gerückt.
Drei Griffe am Felsen befestigt.
Zwei Blitze umgeleitet.
Eine Hütte zum Schlafen gefunden.
Fünf gute Träume geschickt.

Heinz Janisch

Die Muschel hat das Meer gefangen

Als gestern die Wellen am schönsten sangen,
da hat die Muschel das Meer gefangen!

Seid ganz still und lauscht,
wie es in ihr rauscht!

Josephine Hirsch

Hätte man beim EIS das S vergessen,
was würdest du stattdessen essen?

Horst Klein

Zwei Spinnen treffen sich im Urlaub am Strand.
Sagt die eine: „Zurzeit bin ich auf dem Handy nicht zu erreichen.
Ich habe kein Netz!"

In meinem Schuh ich Strandsand fand,
nachdem ich dort am Sandstrand stand:
Strandsand vom Sandstrand.

Anne-Katrin Heger

Sommer

Chinesisch:	夏天 (Xiàtiān)
Türkisch:	yaz mevsimi
Griechisch:	καλοκαίρι (kalokaíri)
Persisch	تابستان (tabestan)
Englisch:	summer
Kurdisch:	havîn
Arabisch:	الصيف (alsayf)

Aus **T** wird **S**!

Was im Sommer Spaß macht

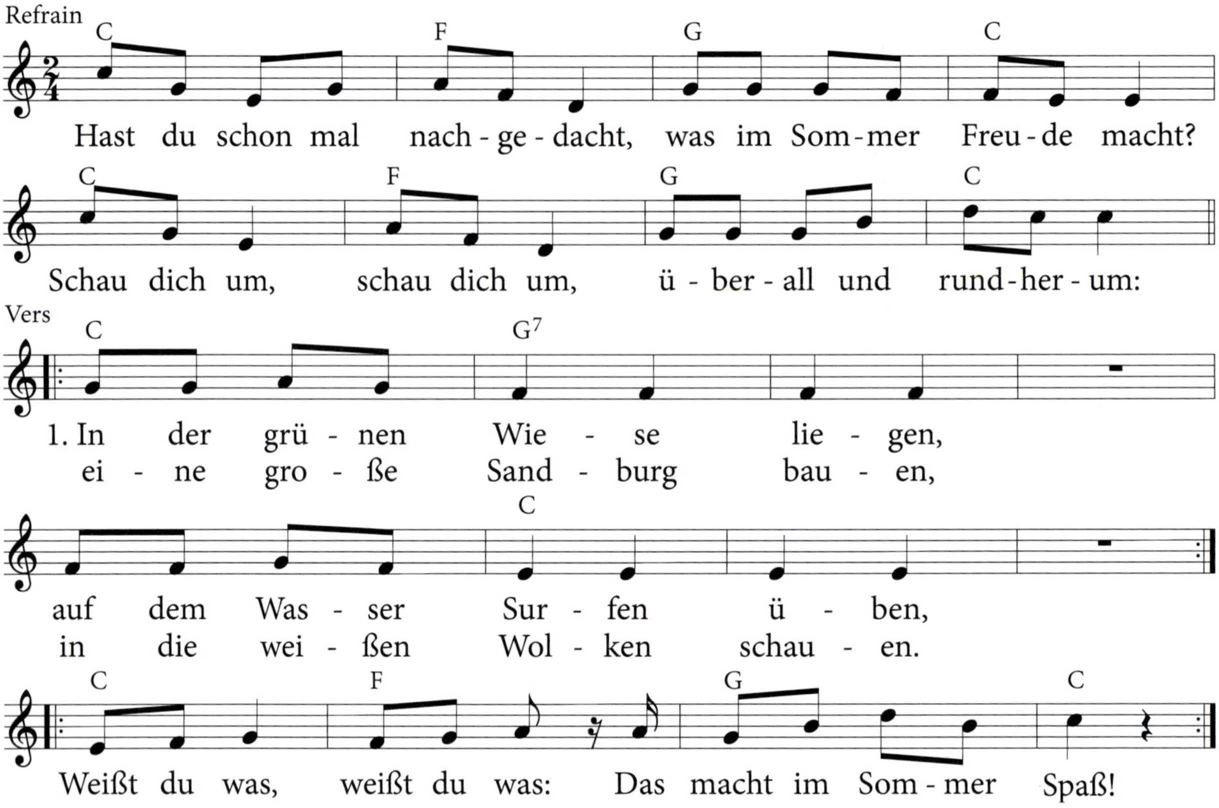
Refrain
C F G C
Hast du schon mal nach - ge - dacht, was im Som - mer Freu - de macht?
C F G C
Schau dich um, schau dich um, ü - ber - all und rund - her - um:
Vers
C G7
1. In der grü - nen Wie - se lie - gen,
ei - ne gro - ße Sand - burg bau - en,
C
auf dem Was - ser Sur - fen ü - ben,
in die wei - ßen Wol - ken schau - en.
C F G C
Weißt du was, weißt du was: Das macht im Som - mer Spaß!

Text: Rosemarie Künzler-Behncke

Musik: Klaus W. Hoffmann

2. Würstchen und Kartoffeln grillen,
Federball und Fußball spielen,
Himbeereis mit Sahne schlecken,
Kopfsprung in das Wasserbecken.
Weißt du was ...

3. Ferien auf dem Land erleben,
Schweinen morgens Futter geben,
Traktor fahren, Ponys reiten,
Kühe auf die Weide treiben.
Weißt du was ...

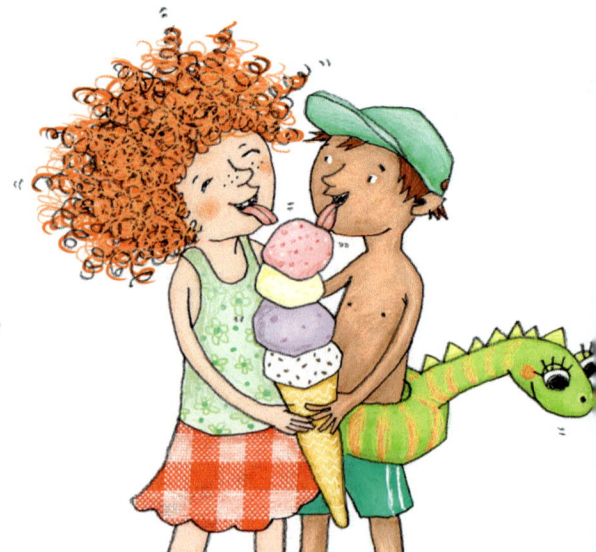

Blitz und Donner

Ein Gewitter ist etwas, das am Himmel passiert.
Wenn die Luft elektrisch aufgeladen ist,
kommt es zu einer plötzlichen Entladung:
Ein Blitz sucht sich den Weg zum Erdboden.
5 Dabei entsteht ein lauter Knall, der Donner.

Im Sommer wird der Boden sehr warm.
Dadurch verdunstet Feuchtigkeit und steigt nach oben.
Oben aber wird die Luft wieder kühler, oder die warme Luft trifft auf kalte Luft.
Wenn solche Lüfte aneinander reiben, dann entsteht Elektrizität.
10 Die Elektrizität entlädt sich in einem Blitz.
Er kann über einen Kilometer lang sein und geht in die Erde.
Bei der Entladung wird die Luft so heiß, dass sie sich
wie bei einer Explosion plötzlich ausdehnt.

Die Luft bewegt sich schnell, und Schallwellen entstehen.
15 Das hört man als lauten Donner. Da Licht schneller als Schall ist,
sieht man erst den Blitz. Der Donner kommt erst später bei einem an.
Dazu gibt es eine einfache Faustregel: Wenn zwischen Blitz und Donner
drei Sekunden liegen, dann entstand der Blitz einen Kilometer weit entfernt.
Bei einer Sekunde Zeitabstand beträgt der Abstand zwischen dem Blitz und
20 dem Hörer also nur etwas über 300 Meter.

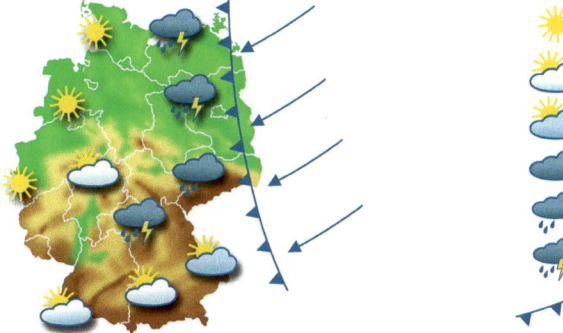

Fußballsommer

Fröhlich springt Tobi aus seinem Bett.
Sechs Wochen Ruhe vor Lukas und Samuel.
Pfeifend läuft Tobi in die Küche.
Mama und Papa sitzen bereits am Frühstückstisch.
5 „Guten Morgen, mein Spatz", begrüßt ihn seine Mutter
mit einem Lächeln. „Du hast ja richtig gute Laune heute Morgen."

Tobi nimmt sich ein Brot und schmiert dick und fett Butter darauf.
Dann noch ein großer Löffel Kirschmarmelade — hmmmm, lecker!
„Wenn man nicht in die Schule muss", antwortet Tobi mit vollem Mund,
10 „ist die Welt in Ordnung."
Mama und Papa lachen.
„Tja, aber leider hat es nicht jeder so gut", seufzt Papa.
„Ich muss jetzt ins Büro."
Er steht auf und gibt Tobi einen Kuss auf die Stirn.
15 „Wir sehen uns heute Abend, Großer! Hab einen schönen Tag!"
„Du auch", antwortet Tobi.
Als Papa zur Tür heraus ist, schaut Mama ganz traurig und sagt:
„Tut mir leid, Tobi, dass wir uns dieses Jahr keinen Urlaub leisten können.
Wir haben sehr viel Geld in die Renovierung des Hauses gesteckt."
20 Sie streicht Tobi über die blonden Locken.
„Nächstes Jahr wieder. Versprochen."

„Kein Problem, Mama. Karl ist ja auch noch da."
Doch da fällt Tobi ein, dass sein Freund Karl
zu seiner Oma an die Nordsee gefahren ist. Mist.

5 Und Ella ist auch weg — zumindest die ersten drei Ferienwochen.
Tobi nimmt noch einen Bissen von seinem Brot, von dem inzwischen
die ganze Marmelade auf den Tisch getropft ist.
Was soll er nur ohne seine Freunde machen?

„Ach egal", murmelt er dann.
10 „Ich mach es mir auch ohne die beiden schön."
Tobi stopft sich das letzte Stück Brot in den Mund
und trinkt seinen Kakao in einem Schluck aus.

„Ich gehe mal ein bisschen raus", sagt Tobi.
Mama stellt gerade das schmutzige Geschirr in die Spülmaschine.
15 „Ist gut. Sei aber bitte zum Mittagessen wieder zurück!"
Heute will Tobi erst einmal zum Skaterpark.
Ferien sind schließlich Ferien und die kann man auch
wunderbar allein verbringen.

Text: Veronika Wiggert / Bilder: Marie Geissler

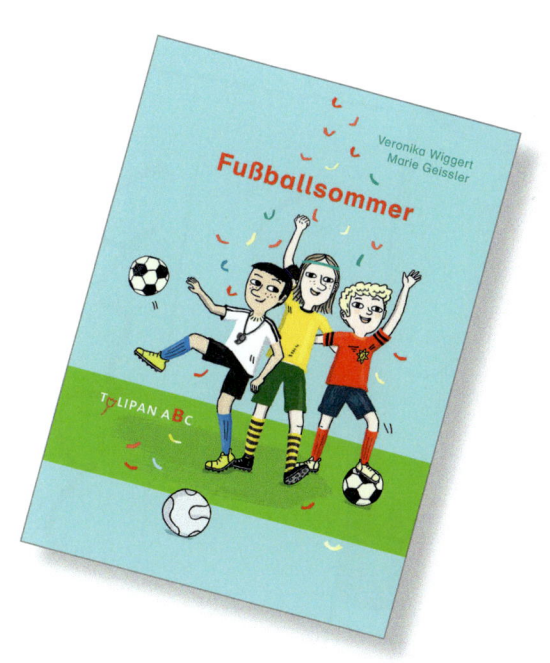

Heimkehr der Farben

Hey Duncan,

ich bin's, dein NEONROTER Farbstift.
Erinnerst du dich an die tollen Ferien mit deiner Familie?
Weißt du noch, wie sehr wir gelacht haben,
als wir ein Bild deines Vaters mit Sonnenbrand gemalt haben?
Aber weißt du eigentlich, dass du mich bei der Abreise
neben dem Pool verloren hast? Offensichtlich nicht.
ICH BIN NÄMLICH IMMER NOCH HIER!
Wie konntest du mich einfach liegen lassen?
Egal, ich habe lange genug darauf gewartet, dass du zurückkommst.
Jetzt mach ich mich zu Fuß nach Hause auf.

Dein zurückgelassener Freund

NEONROT

Duncan!

Wir sind's ... GELB und ORANGE.

Früher haben wir uns darum gestritten

wer die Farbe der Sonne sein darf

Aber weißt du was? Das ist uns inzwischen egal

Und zwar seit wir draußen vergessen worden sind und

die Sonne uns Z S M E G S H O Z N hat

Weißt du, wie die Sonne wirklich ist? HEISS. Richtig heiß!

Sorry, dass wir gestritten haben.

Unseretwegen kann GRÜN die Farbe der Sonne sein.

Spielt doch keine Rolle.

Nur hole uns bitte, bitte zurück.

Deine nicht mehr so sonnigen Freunde

Gelb & Orange

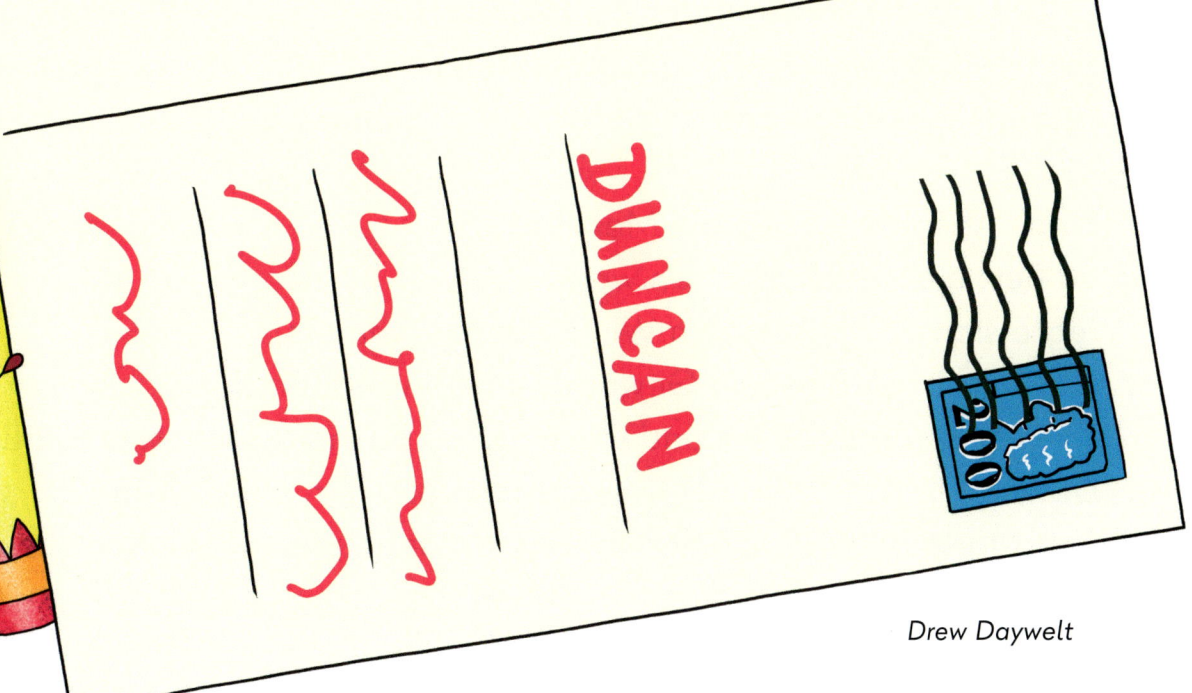

Drew Daywelt

Wir lesen Bücher

Ich mag keine Bücher

Es war einmal ein Mädchen namens Marla.
Ein Mädchen, das keine Bücher mochte.
Nie. Niemals. NIE.
Aber die Bücher kamen trotzdem.

5 Sie kamen zum Geburtstag.
„Ein Buch? Äh, danke?"

Sie kamen als Belohnung.
„Noch ein Buch? Echt jetzt?
Aber ich mag keine Bücher!
10 NIE. NIEMALS. NIE!", verkündete Marla.

Gebrauchen konnte Marla die Bücher trotzdem.
Sie benutzte sie, um an ihr super geheimes Geheimfach zu kommen.
Und als Türstopper, damit ihr Bruder draußen blieb.

Eines Abends, gerade als Marla es sich
15 im Bett gemütlich machen wollte,
regte sich etwas in einem Winkel ihres Zimmers.
Da war ein Getöse, ein Gewusel, ein Tohuwabohu.
Der Lärm wurde lauter und lauter bis ... Bücher! Bücher! Überall!
Da war ein Rascheln, ein Knistern, ein Blättern von Seiten,
20 und Marla befand sich tief im Inneren ungelesenen Bücher.

„Spannende Kriminalfälle, Weltraummissionen
und Abenteuer ... Ich will mitmachen!"
„Tatsächlich? Wie bedauerlich,
dass du keine Lust auf Bücher hast."
Und Marla blieb allein. Auf einer leeren Seite.
Keine Geschichten. Keine Abenteuer. Nichts.

Zurück in ihrem Kinderzimmer schaute sie sich um,
und ENDLICH sah sie die Abenteuer,
die sich überall im Raum stapelten.
Marla kuschelte sich in ihr Bett und nahm ein Buch.
Sie entdeckte all die Geschichten, die darin steckten.
Die Worte. Die Abenteuer. ALLES!

Emma Perry

Schnupper-Seite: Wir lieben Bücher

Steckbrief: Stephanie Gessner

Name: Stephanie Gessner
Geboren: 1966
Geboren in: Limburg
Beruf: Autorin
Besonderheit: Ich kann gleichzeitig kochen, tanzen und singen.
Homepage: www.stephanie-gessner.de

Steckbrief: Michael Hain

Name: Michael Hain
Geboren: vor langer, langer Zeit
Geboren in: irgendwo, an einem fernen Ort
Berufe: Schauspieler und Autor
Besonderheit: mein LeseTheater
Homepage: www.daslesetheater.de

Steckbrief: Manuela Olten

Name: Manuela Olten
Geboren: 16.11.1970
Geboren in: Bad Wildungen
Beruf: Illustratorin
Besonderheit: Ich bastle gerne. Zum Beispiel Wattefiguren.
Homepage: www.thewoodentheatre.de

Übers Dichten

Mein Freund Wilfrid sagt,
ich soll mal Silben zählen.
Mein Freund Wilfrid klagt,
ich würd' nur Wörter quälen –
5 ich glaube, Wilfrid, der hat recht:
dichten kann ich wirklich schlecht.

Aber Wilfrid,
der ist schlau,
denn Wilfrid
10 weiß genau:
Sau
reimt sich auf blau.
Aber schreibt man's hinternander hin,
macht es keinen rechten Sinn:
15 Es war einmal 'ne Sau
Die war blau ...

Moment, das ist doch gar nicht schlecht,
das bieg ich mir schon zurecht,
und mach ein richtiges Gedicht.
20 Und Wilfrid?
Macht wieder ein langes Gesicht –
Es war einmal 'ne Sau
Die war blau
Blau wollte sie nicht sein,
25 da wurde sie ein rosa Schwein.

Wolfram Hänel

Aus W wird T!

Geschichten zum Klingen bringen

*Das sind Stephanie Gessner und Michael Hain.
Sie haben zusammen* Theo trifft den Ton *geschrieben.*

Wollten Sie schon immer Schriftstellerin werden, Frau Gessner?

Gessner: Ja, seit ich schreiben kann. Mein erstes Buch habe ich mit elf Jahren begonnen. Es hieß *Rumpel und der rasende Roller*. Leider wurde es nie fertig.

Herr Hain, wie schreibt man zu zweit ein Buch?

Hain: Das war ein total spannendes Abenteuer!
Am Anfang wussten wir nur, dass wir zusammen
eine ungewöhnliche Geschichte erfinden wollten.
Also sammelten wir ganz viele Ideen. Eine davon war,
einen Ton aus dem Klavier lebendig werden zu lassen.
Dann haben wir losgesponnen. Wie beim Tischtennis
haben wir unsere Gedanken hin- und zurückgespielt.
Und alles aufgeschrieben. So wurde aus einer Idee ein Buch.

Woher haben Sie die Ideen zu Ihren Büchern?

Gessner: Meine Ideen kommen aus meinen eigenen Erinnerungen
und Erfahrungen. Außerdem schaue, höre und beobachte ich genau,
was um mich herum passiert. Auch das Bücherlesen bringt mich
auf gute Ideen. Und dann ist da noch die Fantasie.
Sie kann ich anwerfen wie einen Ofen.
Wenn ich durch einen Wald spaziere oder mit dem Rad fahre.
Oder wenn ich im Sessel sitze und die Augen schließe.
Hauptsache, ich bin ungestört.

Herr Hain, Sie sind auch Schauspieler und haben ein LeseTheater gegründet.
Was ist das für ein Theater?

Hain: Bei meinen Lesungen erwachen die Figuren eines Buches zum Leben.
Ich spiele die Geschichte, die darin erzählt wird.
Wie im Theater können die Kinder das Abenteuer miterleben.
Es wird sehr viel gelacht. Manchmal wird es auch richtig spannend.
Zum Schluss können es die Kinder kaum erwarten,
dieses oder andere Bücher weiterzulesen.

Im Buch geht es um Musik und Töne. Spielen Sie ein Musikinstrument?

Gessner: Ich kann richtig gut zwei Weihnachtslieder auf dem Klavier spielen.
Alle Jahre wieder glänze ich damit. Für die Lesungen mit *Theo trifft den Ton*
habe ich mir das Ukulelespielen beigebracht.

Hain: Oh ja! Ich beherrsche meisterlich die Triangel und die Nasenflöte.
Ja, die gibt es wirklich! In meinem LeseTheater von *Theo trifft den Ton*
spiele ich Gitarre und singe noch dazu.

Welches Buch aus Ihrer Kindheit ist Ihr Lieblingsbuch?

Gessner: Pippi Langstrumpf und viele andere Geschichten von Astrid Lindgren.

Hain: Ich liebe *Asterix*! Heute noch!
Ich entdecke dabei immer wieder Neues.
Wer mein LeseTheater erlebt
und dabei an *Asterix* denkt – wird schmunzeln …

Interview mit Manuela Olten

*Das ist Manuela Olten.
Sie hat viele Geschichten
von Autoren illustriert. Zum Beispiel
Nele langweilt sich.
Manchmal denkt sie sich auch selbst
Geschichten aus und malt Bilder dazu.*

*Frau Olten, wie sind Sie auf die Idee gekommen,
Bildermalen als Beruf zu wählen?*

Als mein Sohn geboren wurde, habe ich mir sehr viele Bilderbücher
angeschaut. Ich dachte, dass mir das Bildermalen für Geschichten
Spaß machen könnte.

Wie haben Sie gelernt, Bücher zu illustrieren?

Ich habe an einer Kunsthochschule studiert.
Da kann man auch das Illustrieren von Geschichten lernen.

*Sie erschaffen Bilder zu Geschichten von anderen Autoren.
Manchmal malen sie aber Bilder zu ihren eigenen Geschichten.
Was machen Ihnen mehr Spaß?*

Wenn ich mir selbst eine Geschichte ausdenke, habe ich
meistens schon Bilder dazu im Kopf. Das ist dann einfacher.
Aber ich finde es sehr spannend, Geschichten von anderen Autoren
zu lesen und zu illustrieren. Darum macht beides gleich viel Spaß.

Woher haben Sie die Ideen zu Ihren Bildern?

Ich habe selbst zwei Kinder, die immer viel Quatsch gemacht haben.
Dadurch habe ich viele Ideen bekommen.

Wie gehen Sie vor, wenn Sie ein Buch illustrieren?

Zuerst lese ich natürlich die Geschichte.
Dabei habe ich schon die ersten Bilder im Kopf.
Dann teile ich den Text in einzelne Seiten auf.
Manchmal machen das auch schon der Verlag oder die Autoren.
Danach zeichne ich mir mit Bleistift das Format der Seiten
auf ein Zeichenpapier. Dahinein zeichne ich die Bilder mit Bleistift.
Das nennt man auch Skizzen. Die Skizzen schicke ich dann
als Foto dem Verlag. Wenn dem Verlag die Skizzen gefallen,
kann ich sie ausmalen. Das ist die schönste Arbeit.
Dabei höre ich manchmal Hörbücher und trinke Tee.
Wenn die Bilder fertig sind, schicke ich sie dem Verlag.
Der lässt dann Bücher drucken.

Mit welchen Farben malen Sie?

Das mache ich mit einer Farbe, die Acrylfarbe heißt.

Welches Buch aus Ihrer Kindheit ist Ihr Lieblingsbuch?
Haben Sie ein Bilderbuch, das Ihnen besonders gut gefällt?

Als Kind mochte ich *Mio, mein Mio* und *Ronja Räubertochter*,
beide von Astrid Lindgren, sehr gerne. Die mag ich immer noch
und habe sie auch mit meinen Kindern gelesen.

Ein Lieblingsbilderbuch habe ich eher nicht, weil es
so viele schöne Bücher gibt. Ich mag die Illustrationen
von Benjamin Lacombe und Rebecca Dautremer sehr gerne.

In der Bücherei

Du liest gerne? Du liest viel? Du hörst gerne Hörbücher?
Oder du spielst auch gerne? Dann geh doch mal in die Bücherei.

In jeder Bücherei gibt es eine Abteilung nur für Kinder.
Dort gibt es oft Sessel, Kissen oder Matten,
auf denen du es dir gemütlich machen kannst,
um Bücher anzuschauen, zu lesen oder zu spielen.
Du kannst auch alle Bücher ausleihen.

Außerdem gibt es in einer Bücherei auch:
- Zeitungen und Zeitschriften
- Comics
- DVDs (Filme und Serien) und Blue-Rays
- Hörbücher und Hörspiele
- Musik-CDs und Kassetten
- Gesellschaftsspiele
- Computerspiele
- Noten (zum Musikmachen)
- Schulbücher und anderes Lern- und Übungsmaterial für die Schule

  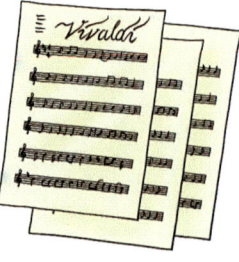 

Das Ausleihen kostet kein Geld.
Das Einzige, was du brauchst,
ist einen Büchereiausweis.
Den bekommst du in der Bücherei.
Mit dem Ausweis kannst du ausleihen, was dir gefällt.

Viele Büchereien bieten ein Veranstaltungsprogramm an.
Es gibt Vorlesestunden, Puppentheater, Vorlesewettbewerbe,
Lesenächte und vieles mehr.
Erkundige dich bei deiner Bücherei.

Wusstest du schon?

In Deutschland gibt es fast 9000 Büchereien. Das ist
ganz schön viel. Trotzdem gibt es nicht in jedem Ort
eine Bücherei. In diese Orte kommen Fahrbüchereien.
Das sind Büchereien in einem großen Bus.

KINDERBÜCHER

G–I

Stephanie **G**essner / Michael **H**ain:
Theo trifft den Ton

Dimiter **I**nkiow:
Ich und meine Schwester Klara

K–L

Maite **K**elly / Britta Sabbag:
Die kleine Hummel Bommel entdeckt die Wiese

Martin **K**lein / Kerstin Meyer:
Finn und Frieda finden den Frühling

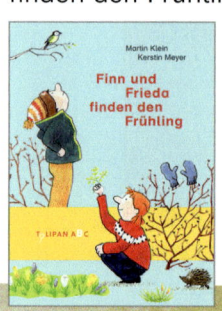

Gudrun **L**ikar:
Prinzessin Fibi und der Drache

M–O

Anne **M**aar:
Nele langweilt sich

Bettina **O**brecht:
Dann gehe ich jetzt, sagte die Zeit

P

Kai **P**annen:
Zombert in der Schule des Schreckens

Rieke **P**atwardhan:
Platz ist in der kleinsten Hütte

Emma **P**erry / Sharon Davey:
Ich mag keine Bücher.
Nie. Niemals. Nie.

Otfried **P**reußler:
Die kleine Hexe

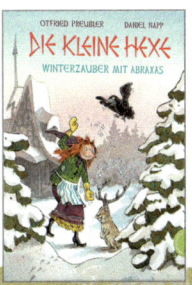

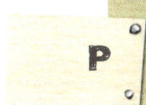

Andrea **S**chaumburg:
Monster mögen Marmelade

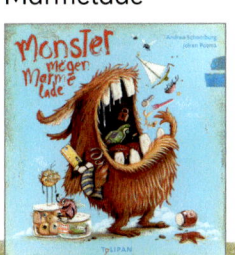

Stephanie **S**chneier / SaBine Büchner:
Lotta Rikotta und der geheime Strand

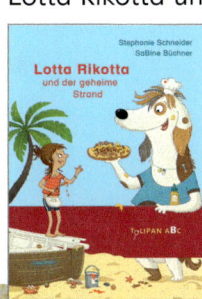

Sabine **S**täding:
Petronella Apfelmus –
Hexenbuch und Schnüffelnase

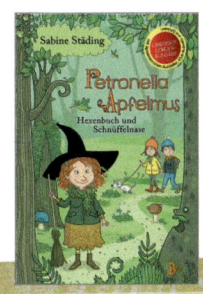

Veronika **W**iggert:
Fußballsommer

Koen Van Biesen:
Mein Nachbar liest ein Buch

Lesen üben

Seite 9 **Eriks Schulmorgen**

Lies vor und setze dabei die Wörter ein.

Erik Sarah

◆ und seine Freundin ◆

gehen in dieselbe ◆.

Heute hat ◆ Pech.

Er stößt mit dem ◆ gegen den ◆.

Er findet einen ◆ nicht.

Sein ◆ bleibt am ◆ hängen.

Seite 13 **Das ausgelassene ABC / Buchstabenklau**

Drache	D̶ →	Bruder	B̶ →
Taube	b̶ →	Comics	C̶, c̶ →

Seite 17 **Schulregeln**

Ordne die Reimwörter zu.

Fratze

Schwein

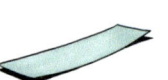 Stein

Bein  Glatze

 Katze Reifen

Streifen

Seifen

Textwerkstatt

Seite 10 **Henriette rockt die Halle**

Seite 42 **Kakadu und Papagei**

Welche Tiere verstecken sich hier?
Um welche Buchstaben streiten sich die Tiere?

Pfo, Mos, Rope, Foltier, Bronbär
Vaugel, Waulf, Frausch, Kraukaudil

Seite 160 **Ich mag keine Bücher**

Hier haben sich Fehler eingeschlichen.

Da war ein Gewusel, ein Tohuwabohu, ein Getöse.
Da war ein Knistern, ein Rascheln, ein Blättern von Seiten.

Vergleiche mit dem Text auf Seite 160.
Finde die richtige Reihenfolge.

Lesen üben: Lesespiele

Seite 17 **Freunde**

Ein Kind liest das Gedicht vor und lässt das Reimwort weg.
Die anderen Kinder müssen das richtige Reimwort finden.
Wer es zuerst gefunden hat, liest weiter.

Seite 24 **Regenwurmtage**

Bildet zusammengesetzte Nomen mit diesen Wörtern.
Wer findet das längste Wort?

Regen   Wurm   Tage   Loch   Schirm   Pfütze

Seite 46 **Monster mögen Marmelade**

Auf welche Wörter in den ersten drei Strophen
des Monster-Gedichts reimen sich diese Wörter?

*Limonade Spatzen Fleck Marinade hier lecken
Katzen Tatzen Remoulade Reck leck Decken
vier schmecken Klavier*

Seite 89 **Langeweile? Tu was!**

Was tust du gegen Langeweile? Ergänze die Sätze.
Erfinde einen neuen Satz.

Schreibe so:
Mit Klötzen bauen.
Mit Stiften ... .
Mit ... backen.
Mit Kannen ... .
Mit Ruten ... .

Mit Knochen kauen.

174 Textwerkstatt

Lesen üben und Texte verstehen

Seite 18   **Denni, Klara und das Haus Nr. 5**

Beantwortet die Fragen zu zweit. Lest im Text nach.

„So einer hat uns hier gerade noch gefehlt!"
Was will Frau Schönegans mit diesem Satz sagen?

„Das Leben hat Platz für alle."
Wie ist dieser Satz gemeint?
Findet ihr Beispiele?

Seite 26   **Tiere bereiten sich auf den Winter vor**

Lies die Sachtexte. Beantworte die Fragen.
Schreibe die Antworten in dein Heft.
Vergleicht die Antworten in der Klasse.

Wie findet das Eichhörnchen im Winter seine Vorräte?
Womit polstert die Haselmaus ihr Erdloch aus?
Warum versteckt die Elster ihr Futter?

Seite 37   **„Bitte streicheln!"**

In diesem Text stecken drei Fehler.
Erzähle einem Kind, wie es richtig heißt.

Schmusehunde legen sich vor dir auf den Bauch.
Das Meerschweinchen klingt wie ein rauschender Bach.
Katzen lassen sich gerne kitzeln.

Lesen üben und Texte verstehen

Seite 38 **Kleine Katzen**

Findet Wörter, die beschreiben, wie kleine Katzen sind.
Aber was können sie auch?

Seite 50 **Zombert in der Schule des Schreckens**

Beantwortet die Fragen zu zweit.
Lest im Text nach.

Warum gehen Monster nicht zur Schule?
Wie heißt Zombert wirklich?
Welches Problem hat Zombert?
Was würdet ihr Zombert empfehlen?

Seite 72 **Dann gehe ich jetzt, sagte die Zeit**

Was machen wohl Laras Geschwister,
wenn sie sagen: „Wir schlagen die Zeit tot."?
Tausche dich mit einem Kind darüber aus.

Seite 76 **Die Erfindung der Zeit**

Warum waren Sonnenuhren nicht die beste Erfindung?
Welche Nachteile haben Uhren mit Batterie oder mit Solarzellen?

Seite 88 **Nele langweilt sich**

Lies einem Partnerkind die Vorschläge von Neles Mutter vor.
Dein Partnerkind hört genau zu und muss sich
eigene Ausreden ausdenken.

Textwerkstatt

Seite 94 **Soll ich es sagen?**

Welches Geheimnis hat Ramin?
Würdest du genauso handeln?
Was sind gute Geheimnisse und was sind schlechte Geheimnisse?

Seite 114 **Ostern**

Warum ist Ostern immer an einem anderen Datum?
Erkläre auch mithilfe der Bilder auf Seite 114.

Seite 130 **Willkommen auf der Wiese**

Sprich mit einem Partnerkind darüber, warum es wichtig ist,
gut für Bienen und Hummeln zu sorgen.

Seite 135 **Brennnesseln sind Superhelden.**

Formuliere für jeden Absatz eine Überschrift.

Seite 155 **Blitz und Donner**

Warum sieht man erst den Blitz
und später hört man erst den Donner?

Zu Texten erzählen, schreiben, malen

Seite 8 **Abzählverse für die Pause.**

Welche Wörter reimen sich auf drei, vier oder acht?
Suche mit einem Partnerkind passende Reimwörter.
Erfindet einen Abzählvers und schreibt ihn auf.

Seite 9 **Eriks Schulmorgen**

Lies den Text. Schreibe danach die Sätze in dein Heft.
Ersetze die unterstrichenen Wörter durch Bilder.
Lass ein Partnerkind zur Probe lesen.

Sarah geht gern in die Pause.
Nur heute läuft alles schief.
Der Ball landet auf dem Baum.
Die Trinkflasche fällt auf den Stein.
Die Mütze fliegt in die Pfütze.
Sarah ist froh, als es klingelt.

Seite 10 **Henriette rockt die Halle**

Stell dir vor, du bist der Lehrer.
Was berichtest du von dem Tag in der Turnhalle?
Erzähle oder schreibe es wie in einem Tagebuch auf.

Nicht nur in der Schule gilt: einander zuhören und ausreden lassen!

Textwerkstatt

Seite 39 **Der faule Kater Josef**

Was tut der faule Kater Josef? Suche dir ein Partnerkind.
Erzählt euch abwechselnd, was der Kater nacheinander tut.
Malt Bilder zu den Tätigkeiten.
Klebt sie in der richtigen Reihenfolge auf ein Blatt Papier.
Male und schreibe auch deinen eigenen Tagesablauf.

Seite 45 **Welches Tier passt zu mir?**

Du willst ein Tier kaufen, dein Partnerkind berät dich.
Erzähle, wie viel Zeit du hast, wie groß eure Wohnung ist
und was du gerne mit dem Tier machen möchtest.
Nach der Beratung tauscht ihr die Rollen.
Gestalte ein Plakat zu deinem Tier.

Seite 46 **Monster mögen Marmelade**

Stell dir vor, ein Monster lebt unter deinem Bett.
Was gibst du ihm zu fressen? Male das Monster.

Seite 110 **Rigo und Rosa – Fliegen**

Wie stellst du dir die Schmettermaus vor? Male sie.

Seite 79 **Die Schildkröte und der Hase**

Was erzählt die Schildkröte ihren Freunden vom Wettkampf?

Seite 80 **Der ganze Tag, mit A gemalt**

Zeichne zu jeder Strophe ein Bild.
Gestalte ein vierteiliges Leporello.

Zu Texten erzählen, schreiben, malen

Seite 84   **Heute bin ich**

Schreibe in dein Heft.
Heute bin ich …, Gestern war ich …,
Morgen werde ich … sein.

Du kannst die Wörter in Farben schreiben,
die zu deinen Gefühlen passen.

Seite 85   **Das bin ich**

Schreibe einen Steckbrief von dir.
Das könntest du hineinschreiben:

Name:	Lieblingsfarbe:
Familie:	Das mag ich:
Hobbys:	Das mag ich nicht:

Ich schreibe meinen Steckbrief am Computer.

Seite 86   **Was ich mag**

Was magst du? Schneide aus einer Zeitschrift
passende Bilder aus und klebe sie als Kollage auf.

Seite 96   **Wut tut gut**

Wie klingen diese Wörter?
Zeichne wie im Comic den
Ton in einer Sprechblase:

SSSSSS PLING RIIIING

JONGJONG ZAWUMM

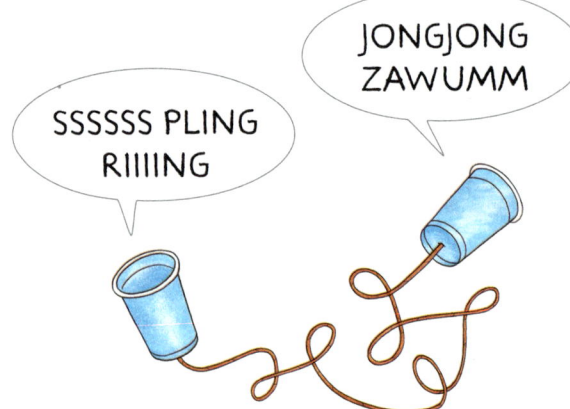

Seite 120   **Kennst du's?**

Baut euch zu zweit ein Schnurtelefon.
Sprecht abwechselnd das Gedicht in die Sprechmuschel.

Textwerkstatt

Seite 98   **Himmel und Hölle**

Fragt eure Eltern und Großeltern,
welche Spiele sie früher gespielt haben.
Welche Spiele waren früher und heute gleich?
Probiert die Spiele aus, die ihr noch nicht kennt.

Wir haben gerne Zehnerle gespielt.

Seite 156   **Fußballsommer**

Wen könnte Tobi im Skaterpark treffen?
Denk dir eine Fortsetzung aus und
schreibe sie in dein Heft.
Was machst du, wenn du alleine bist?

Seite 158   **Heimkehr der Farben**

Welches ist deine Lieblingsfarbe?
Schreibe einen Brief an deine Lieblingsfarbe.

Gestalte eine Postkarte. Auf der Vorderseite das Bild
und auf der Rückseite dein Text an deine Lieblingsfarbe.

Zu Texten musizieren

Seite 23   **Laternenlied**

Seite 154   **Was im Sommer Spaß macht**

Seite 56   **Die Bremer Stadtmusikanten**

Begleitet rhythmisch mit Orffschen Instrumenten.

Wähle für jedes Tier ein Instrument aus.
Denke dir dann für jedes Tier eine kleine Melodie aus,
die immer ertönt, wenn das Tier gesprochen hat.

Seite 20   **Tripp Tripp Tropf**

Macht Regengeräusche passend zum Text.
Regen trommelt, tröpfelt, platscht, rieselt, klatscht

Ihr braucht:

eine Plastiktüte, trockene Erbsen, ein Sieb, Zucker,
ein großes Stück Papier

Reibt eine Plastiktüte,
lasst getrocknete Erbsen in einem Sieb kullern,
lasst Zucker auf ein Papier rieseln.
Überlegt, wie ihr noch mehr Regengeräusche machen könnt.

Textwerkstatt

Seite 42   **Kakadu und Papagei**

Ihr könnt das Gedicht auch mit Rhythmus-Instrumenten begleiten und es als Rap sprechen.

Denkt daran: Der Streit ist zuerst leiser und wird dann immer lauter.

Seite 46   **Monster mögen Marmelade**

Seite 120   **Fisches Nachtgesang**

Sprecht das Gedicht als Rap.
Oder: Bildet eine kleine Musikgruppe
und vertont das Gedicht
mit Instrumenten oder Alltagsgegenständen.

Texte hören

Seite 118   Mein Nachbar liest ein Buch

Ein Kind liest den Text. Die anderen Kinder
machen die Bewegungen und die Klänge dazu.

Text	Bewegung	Klang
PSSST! Ruhe.	Finger an den Mund	Schschsch …
Der Nachbar liest ein Buch.	Seiten umblättern, Kopf hin und her bewegen	Hände reiben
BOING BOING Das Mädchen spielt mit dem Ball.	Hopsen	Handtrommel oder Flex-a-ton
KLOPF Der Nachbar klopft.	Klopfbewegung	Holzstäbe
LA-LA-LA Das Mädchen singt ein Lied.	Kopfwackeln und Mundbewegung	Flöte oder Glockenspiel
TAMM TAMM TAMM Das Mädchen schlägt auf die Trommel.	Marschieren, mit den Füßen stampfen	Bongos oder große Trommel

Seite 120   Geräusche-Wörter

Lies gemeinsam mit einem Partnerkind
die Geräusche-Wörter in den Sprechblasen.

Welche Instrumente oder Gegenstände
könnten diese Geräusche nachmachen? Probiert es aus.

▷ Strategiefilm

Mit Medien umgehen

Seite 24 — **Regenwurmtage**

Finde im Internet Informationen über den Regenwurm heraus.

Wo lebt ein Regenwurm?
Was essen Regenwürmer?
Wie alt wird ein Regenwurm?

Seite 74 — **Zeit vergeht**

Recherchiere im Internet nach Redensarten zum Thema Zeit. Schreibe deine Redensarten und die Erklärungen auf Karten. Spielt Memory.

Seite 140 — **Was möchten dir diese kleinen Zeichen sagen?**

Denke dir selbst Emojis aus, zum Beispiel für hungrig, müde, neugierig.

Seite 142 — **Der Familien-Chat**

Welche Märchen verstecken sich hinter diesen Emojis?

Texte szenisch spielen

Diese Texte könnt ihr mit verteilten Rollen lesen.

Ihr könnt sie auch als Theaterstück oder als Hörspiel aufführen.

Welche Requisiten braucht ihr?

Seite 30 **Sankt Martin**

Spielstück für 3 Personen

Seite 56 **Die Bremer Stadtmusikanten**

Lesetext oder Spielstück für 4 Personen und Chor

Seite 62 **Die Geschichte vom beschenkten Nikolaus**

Lesetext oder Spielstück für 3 Personen

Seite 66 **Wir stellen heute die Krippe auf**

Spielstück für 21 Personen

Seite 105 **Rabe und Fuchs**

Spielstück für 7 bis 10 Personen

Seite 116 **Zehn kleine Osterhasen**

Spielstück für 20 Personen

Seite 136 **Die Wette**

Diesen Text könnt ihr mit verteilten Rollen lesen.
Wenn alles gut klappt, spielt die Szene.

Textwerkstatt

So könnt ihr die Texte lesen und üben:

Verteilt die Rollen
Wie viele verschiedene Sprecherinnen und Sprecher braucht ihr?
Die Farben können euch helfen.

Übt euren Text
Lest euren Text leise und laut.
Wie sollen die Sprecher ihre Sätze betonen?
Ängstlich, fröhlich, nachdenklich, leise …

Schauspieler „sprechen" auch mit ihrem Körper und ihrem Gesichtsausdruck.

Entscheidet euch, wie ihr das Stück spielen wollt:

als Theater mit Schauspielern

mit Handpuppen

mit Fingerpuppen

Wer kann helfen?
Eure Lehrerin oder euer Lehrer,
die Hausmeisterin oder der Hausmeister,
eure Eltern …
Und wer noch?

Texte vorlesen / Gedichte vortragen

Seite 34 — **Das tierische Wörterbuch**

Probiert aus, wie sich Tierlaute
in verschiedenen Sprachen anhören.
Kennt ihr noch Tierlaute
in anderen Sprachen?

Seite 60 — **Die Schnecke im Winter**

Seite 61 — **Die Hirten**

Seite 65 — **Der Pfefferkuchenmann**

Im Advent und zu Weihnachten solltest du ein Gedicht
aufsagen können.

Seite 78 — **SCHNELL SCHNELL SCHNELL**

Lies den Text erst still für dich.
Nun übe mit einem Partnerkind, den Text laut vorzulesen.

Überlege, an welchen Stellen du schnell
und an welchen Stellen du langsam lesen musst.

Welche Wirkung wird beim Vorlesen mit Tempowechsel erzeugt?

Seite 79 — **Die Schildkröte und der Hase**

Übe das Lesen, bis du ohne Fehler laut vorlesen kannst.
Nun trage den Text so vor, als ob du
ein Nachrichtensprecher, ein Sportreporter
oder ein Detektiv wärst.

Textwerkstatt

Seite 28   **Herbst und Blätterfall**

Trage das Gedicht auf unterschiedliche Weise vor,
zum Beispiel
- genervt,
- traurig,
- fröhlich,
- wütend.

Seite 68   **Lied der Eiszapfen**

Lies das Gedicht spaltenweise.
Du kannst auch unterschiedliche Tonhöhen
für die verschiedenen Wörter ausprobieren.

Seite 124   **Mein Glück**

Nimm mit dem Smartphone oder Tablet Geräusche auf,
die in dem Gedicht vorkommen.

Welche anderen Geräusche gibt es in deiner Umgebung?
Nimm sie auf und lass andere Kinder die Geräusche erraten.

Seite 153   **Zungenbrecher**

Zungenbrecher sind Gedichte,
mit denen du andere beeindrucken kannst.
Übe Zungenbrecher immer wieder.
Zuerst ganz langsam, wie in Zeitlupe,
dann immer schneller.

Gedichte schreiben

Seite 8 **Abzählverse für die Pause**

Bli, bla, blu,
da steht eine Kuh.
Bli, bla, blaus,
du bist raus.

Ix – ax – ux,
morgen kommt der ...

übermorgen kommt ...
und du ...

Ticke, tacke, tick ... Knick
Ticke, tacke, teck ... weg

Erfinde selbst Abzählverse.

Seite 54 **Eine Kuh, die saß im Schwalbennest**

Schreibe selbst ein Lügengedicht mit anderen Tieren.
Beginne zum Beispiel so:

Ein Nashorn saß im Amselnest ...

Seite 60 **Überraschung**

Schreibe das Gedicht um: Es regnet.
Wie schreibst du den Schluss?

Schreibe dein Gedicht auf ein Schmuckblatt. Macht eine Ausstellung in der Klasse.

Seite 156 **Fußballsommer**

Was machst du, wenn du Langeweile hast?
Schreibe dazu ein Akrostichon.
L-achen
A-ngeln
N-...

Textwerkstatt

Schreibe ein Schneeballgedicht zu einem Text.
Notiere dir zuerst, welche Wörter du verwenden willst.
In der ersten Zeile steht ein Wort.
In der zweiten Zeile stehen zwei Wörter und so weiter.
Das wichtigste Wort steht am Anfang.

> Frühling
> Vögel singen
> Tulpen und Narzissen
> ein wärmender Wind bläst
> endlich wieder ohne Jacke raus

Du kannst dein Schneeball-Gedicht auch schmelzen lassen.
Dann steht das wichtigste Wort am Schluss.

> Ein seidig glänzendes schwarzes Fell
> auf leisen weichen Pfoten
> weiße spitze Zähne
> kleiner Kater
> Tom

Oder du setzt zwei Schneeball-Gedichte zusammen.

> Eine
> dann zwei
> noch mal zwei
> immer mehr Flocken fallen
> der Schnee liegt sooooo hoch
> dann ein erster Sonnenstrahl
> er wird warm
> Wasser tropft
> platscht

Du kannst Schneeball-Gedichte zu verschiedenen Themen schreiben:
– Geburtstag
– Urlaub
– Ferien
– Haustier
– Freunde
…

Bücher lesen

Seite 160 **Wir lieben Bücher**

Im Lesebuch findest du viele
Ausschnitte aus Büchern.
Unter den Texten steht,
wer sie geschrieben hat
und manchmal auch,
wer die Bilder gemalt hat.

Der Name eines Buches wird Titel genannt.
Der Autor oder die Autorin hat das Buch geschrieben.
Die Bilder hat die Illustratorin oder der Illustrator gemalt.
Der Verlag lässt das Buch drucken.
Du kannst es dann in einer Buchhandlung kaufen
oder in einer Bücherei ausleihen.

Seite 168 **Eine Bücherei besuchen**

In jeder Stadt gibt es eine Bücherei. In manche Orte
kommt auch ein Bücherbus. In der Bücherei oder
beim Bücherbus kannst du Bücher kostenlos ausleihen.

Welche Büchereien gibt es in deiner Nähe?

Gehe in die Bücherei.
Erkundige dich dort,
wie du Bücher finden kannst.

Findest du Bücher von Kai Pannen?
Suche nach Büchern deines Lieblingsautors
oder deiner Lieblingsautorin.

Textwerkstatt

Ein Buch vorstellen

Welches Buch gefällt dir besonders gut?
Wähle ein Buch aus, das du den anderen Kindern
vorstellen willst.

Schreibe in Stichworten auf, was du anderen
über das Buch sagen möchtest:

Wie heißt das Buch?
Wer hat es geschrieben?
Worum geht es in dem Buch?
Warum hat dir das Buch so gut gefallen?

Lies den anderen Kindern deine Lieblingsstelle
aus dem Buch vor.

Bastle dir eine Lesekiste.
Sammle Gegenstände, die in deinem Buch
wichtig sind.
Sie helfen dir dabei, von deinem Buch zu erzählen.
Tipp: Du kannst den Gegenstand auch auf ein Kärtchen
malen oder schreiben.

Mein Lieblingsbuch

Titel:
Finn und Frieda
finden den Frühling

Autor:
Martin Klein

Illustratorin:
Kerstin Meyer

Darum geht es:
Finn und Frieda retten
einen Igel.

▷ Strategiefilm

Das hilft dir, Texte besser zu lesen und zu verstehen

Alle Lese-Tipps auf einen Blick

Vor dem Lesen
- Lies zuerst die Überschrift.
- Schau dir die Bilder an.
- Vermute, worum es in dem Text geht.

Während des Lesens
- Wenn du etwas nicht verstanden hast, lies den Abschnitt oder den ganzen Text noch einmal.

- Kläre die unbekannten Wörter.
  – Suche im Text nach einer Erklärung.
  – Schau dir die Bilder an.
  – Schlage in einem Lexikon nach.
  – Frage andere Kinder oder Erwachsene.

- Stelle W-Fragen an den Text:
  Wer? Was? Wann? Warum? Wo? Wie?

- Finde die wichtigen Schlüsselwörter in jedem Abschnitt.

Nach dem Lesen
- Vergleiche mit deinen Vermutungen vom Anfang:
  Stimmten deine Vermutungen?
  Was hast du Neues erfahren?

Versuche, diese Tipps bei **allen** Texten anzuwenden. Besprecht dann in der Gruppe: Haben euch die Tipps geholfen? Welche Erfahrungen habt ihr gemacht?

Lesestrategien

Das hilft dir, Texte besser zu lesen und zu verstehen

- Lies zuerst die Überschrift.
- Schau dir das Bild an.
- Vermute, worum es in dem Text geht.

Holtensen brennt

Lies dann erst den ganzen Text.

Bei Holtensen gab es Zwerge. Einmal kam ein Mann aus diesem Dorf an einem Zwergenloch vorbei. Dort sah er einen Zwerg stehen, der einen großen Holztrog mit Gold hatte. Das worfelte er, wie man
5 Getreide worfelt, um es zu säubern.
Da trat der Mann an den Zwerg heran, grüßte ihn und sagte: „Das ist eine hübsche Arbeit, die möchte ich auch tun!"
Der Zwerg, der ihn nicht hatte kommen sehen, bekam
10 einen gewaltigen Schreck. Er fasste sich aber schnell und rief: „Sieh doch nur, Holtensen brennt!"
Erschrocken drehte sich der Mann nach Holtensen um, sah aber weder Rauch noch Flammen.
Als er sich wieder umwandte, waren Gold und Zwerg
15 verschwunden.

- Wenn du etwas nicht verstanden hast,
  lies den Abschnitt oder den ganzen Text noch einmal.

- Kläre alle Wörter, die du nicht kennst.
  – Suche im Text nach einer Erklärung.
  – Hilft dir das Bild?

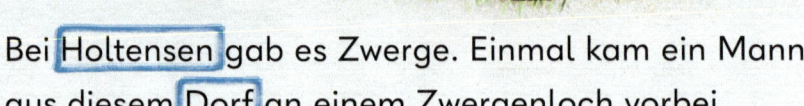

Bei Holtensen gab es Zwerge. Einmal kam ein Mann aus diesem Dorf an einem Zwergenloch vorbei.

– Schlage in einem Lexikon nach oder benutze eine Kindersuchmaschine.

G das Ge|trei|de: Als Getreide oder Korn bezeichnen wir die → Früchte von bestimmten Gräsern, aus denen man Mehl und viele andere Nahrungsmittel herstellen kann …

– Frage andere Kinder oder Erwachsene.

„Worfeln" kommt von „werfen". Früher hat man das Getreide hochgeworfen, um die Körner von den leichten Hüllen zu trennen.

- Du verstehst einen Text besser, wenn du W-Fragen zu ihm stellst:
  - **Wer** spielt in der Geschichte mit?
  - **Was** tat der Zwerg?
  - **Warum** rief der Zwerg „Holtensen brennt"?

Lesestrategien   ▷ Strategiefilm

- Finde die wichtigen Schlüsselwörter in jedem Abschnitt.

Holtensen brennt

Bei Holtensen gab es Zwerge. Einmal kam ein Mann aus diesem Dorf an einem Zwergenloch vorbei. Dort sah er einen Zwerg stehen, der einen großen Holztrog mit Gold hatte. Das worfelte er, wie man
5 Getreide worfelt, um es zu säubern.
Da trat der Mann an den Zwerg heran, grüßte ihn und sagte: „Das ist eine hübsche Arbeit, die möchte ich auch tun!"
Der Zwerg, der ihn nicht hatte kommen sehen, bekam
10 einen gewaltigen Schreck. Er fasste sich aber schnell und rief: „Sieh doch nur, Holtensen brennt!"
Erschrocken drehte sich der Mann nach Holtensen um, sah aber weder Rauch noch Flammen.
Als er sich wieder umwandte, waren Gold und Zwerg
15 verschwunden.

Zwerg
Holztrog
mit Gold

„Holtensen brennt!"

Gold und Zwerg verschwunden

- Vergleiche mit deinen Vermutungen vom Anfang: Stimmten deine Vermutungen? Was hast du Neues erfahren?

Zuerst habe ich gedacht, das Dorf brennt wirklich. Erst mit den W-Fragen habe ich gemerkt, dass der Zwerg den Mann überlistet hat.

Das hilft dir, verschiedene Textarten zu erkennen

Erzähltexte erzählen Geschichten.
Oft sind diese Geschichten ausgedacht. Sie handeln von Menschen, Tieren oder Fantasiewesen. Manchmal erzählen die Texte von etwas, das du selbst auch schon erlebt hast.
Und manchmal von ganz unwahrscheinlichen Ereignissen.

So können Geschichten sein: lustig, traurig, spannend, ernst, aufregend und noch vieles mehr.

Sachtexte informieren über etwas.
In Sachtexten ist nichts erfunden oder ausgedacht. Sie erklären dir zum Beispiel etwas über Technik, Natur und viele andere Themen.
Zu Sachtexten sind oft Fotos abgebildet. Manchmal sind wichtige Wörter unterstrichen oder fett hervorgehoben.
Artikel in Zeitungen oder Zeitschriften sind auch Sachtexte.

Vergissmeinnicht

Die zarten, blauen **Blumen** sind in **Gärten** zu Hause, aber auch im **Wald**, auf **Äckern** und **Feldern**.

Es gibt unterschiedliche Geschichten darüber,

Untersuche die Texte auf den Seiten 26 und 27, 62 und 63, 135, 144: Erzähltext oder Sachtext?

Lesestrategien

Inhaltsverzeichnis

		Seite		TW
Miteinander		**6**		
Klara schreibt mit blauer Tante	Andrea Schomburg	6/7	📖	
Schnupper-Seite: Miteinander		8/9	·	
Abzählverse für die Pause	mündlich überliefert		·	178, 190
Eriks Schulmorgen			·	172, 178
Henriette rockt die Halle	Britta Nonnast	10/11	·	173, 178
Ein Schulmorgen mit Kalle		12	·	
Schulwitze	Erhard Dietl	13	·	
Buchstabenklau	Ina Hattenhauer	13	·	172
Schulwege in anderen Ländern	Lena Kathinka Schaffer	14	·	
Schule in Argentinien	Lena Kathinka Schaffer	15	·	
Schulbus	Rolf Zuckowski	16	·	
Schulregeln	Heinz Janisch	17	·	172
Freunde	Lea Hector	17	·	174
Denni, Klara und das Haus Nr. 5	Brigitte Werner	18/19	·	175
Im Herbst		**20**		
Tripp Tripp Tropf	Sabine Städing	20/21	📖	
Schnupper-Seite: Im Herbst		22/23	·	
Tiere im Herbst	Jana Walczyk		·	
Der Regenwurm	Josef Guggenmos		·	
Der Herbst kommt über uns	Horst Samson		·	
Ich geh' mit meiner Laterne	Volksgut		·	
Regenwurmtage	Antje Damm	24	·	174, 185
Hört Ihr die Regenwürmer husten?	nach G. C. Dieffenbach	25	·	
Tiere bereiten sich auf den Winter vor	Jana Walczyk	26/27	·	175
Herbst	Georg Bydlinski	28	·	189
Blätterfall	Erna Fritzke	28	·	189
Blättermonster-Bild		29	·	
Sankt Martin	Jessika Biesemann	30	·	186
Warum gibt es Laternenumzüge?	Hermien Stellmacher	31	·	
Tiere		**32**		
Platz ist in der kleinsten Hütte	Rieke Padwardhan	32/33	📖	
Schnupper-Seite: Tiere		34/35	·	
Das tierische Wörterbuch	Lila Prap		·	188
Garfield	Jim Davis		·	
Ein Käfig	Walther Petri		·	
Mein Haustier	Raf	36	·	
„Bitte streicheln!"	Monika Lange	37	·	175
Kleine Katzen	James Krüss	38	·	176
Der faule Kater Josef	Franziska Biermann	39	·	179

Pippa Pepperkorn	Charlotte Habersack	40/41	🔊	
Kakadu und Papagei	Jan Koneffke	42	🔊	173
Ohne Worte	GEOlino.de	43	🔊	
Tante Emmas Goldfische	Dimiter Inkiow	44	🔊	
Welches Tier passt zu mir?		45	🔊	179
Fantasie-Figuren		**46**		
Monster mögen Marmelade	Kerstin Schoene	46/47	📖	174, 179
Schnupper-Seite: Fantasie-Figuren		48/49	🔊	
10 kleine bange Monster	Markus Reyhani / Constanze von Kitzing		🔊	
Lied: Die Bremer Stadtmusikanten	Volksgut		🔊	
Dreizehn Drachen	Andreas Röckener		🔊	
Zombert in der Schule des Schreckens	Kai Pannen	50/51	🔊	176
Räuberkinder	Antje Damm	52	🔊	
Einen Superhelden basteln		53	🔊	
Eine Kuh, die saß im Schwalbennest	Gustav Falke	54	🔊	190
Drei Hasen	Christian Morgenstern	54	🔊	
Prinzessin Fibi	Gudrun Likar	55	🔊	
Spielstück: Die Bremer Stadtmusikanten	Kirsten Großmann	56/57	🔊	186
Im Winter		**58**		
Der Ostermann	Marc-Uwe Kling	58/59	📖	
Schnupper-Seite: Im Winter		60/61	🔊	
Überraschung	Gottfried Herold		🔊	190
Die Schnecke im Winter	Josef Guggenmos		🔊	188
Der Adventskranz			🔊	
Die Hirten	Friedrich Hofmann		🔊	188
Die Geschichte vom beschenkten Nikolaus	Alfons Schweiggert	62/63	🔊	186
Pepparkakor – Schwedische Pfefferkuchen		64	🔊	
Der Pfefferkuchenmann	Erika Engel	65	🔊	188
Wir stellen heut die Krippe auf	Elke Gulden und Bettina Scheer	66/67	🔊	186
Lied der Eiszapfen	Friedl Hofbauer	68	🔊	189
Kalte Zeiten	Iris Schürmann-Mock	68	🔊	
Die Sterntaler	Brüder Grimm	69	🔊	
Die kleine Hexe	Otfried Preußler	70	🔊	
Verkleidungsfest	Georg Bydlinski	71	🔊	
Zeit vergeht		**72**		
Dann gehe ich jetzt, sagte die Zeit	Bettina Obrecht / Julie Völk	72/73	📖	176
Schnupper-Seite: Zeit vergeht		74/75	🔊	
Witze und Sprichwörter			🔊	185
Tagesplan einer Hexe			🔊	
Tagesplan der Erde	Barbara Jauk		🔊	

Die Erfindung der Zeit		76	⋅	176
Eine Sonnenuhr basteln		77	⋅	
SCHNELL SCHNELL SCHNELL	Clotilde Perrin	78	⋅	188
Die Schildkröte und der Hase	nach Äsop	79	⋅	179, 188
Wie fühlt sich Zeit an?		79	⋅	
Der ganze Tag, mit A gemalt	James Krüss	80	⋅	179
Entschuldigung	Eva Bade	81	⋅	
Das bin ich		**82**		
Manchmal bin ich alles, was ich brauche	Juliana Perdomo	82/83	📖	
Schnupper-Seite: Das bin ich		84/85	⋅	
Heute bin ich	Mies van Hout		⋅	180
Das bin ich			⋅	180
Was ich mag	Constanze Kitzin	86/87	⋅	180
Nele langweilt sich	Anne Maar und Manuela Olten	88	⋅	176
Langeweile? Tu was!	Nora Clormann-Lietz	89	⋅	
Das alles ist Familie	Michael Engler	90/91	⋅	
Wir feiern Geburtstag	Anne Kostrzewa	92/93	⋅	
Soll ich es sagen?	Clemens Fobian	94/95	⋅	177
Ich mache mit		**96**		
Wut tut gut	Stephanie Gessner und Michael Hain	96/97	📖	180
Schnupperseite: Ich mache mit		98/99	⋅	
Rätsel, Spielanleitung, Aushang			⋅	
Abfallverwertung	Josef Guggenmos		⋅	
Yoga macht stark		100	⋅	
Rezept: Gemüsechips		101	⋅	
Tilli ist Vegetarierin		102	⋅	
Neue Pflanzen wachsen lassen		103	⋅	
Bastelanleitung Schattentheater		104	⋅	
Rabe und Fuchs	Bernhard Lins	105	⋅	186
Im Frühling		**106**		
Finn und Frieda finden den Frühling	Martin Klein / Kerstin Meyer	106/107	📖	
Schnupper-Seite: Im Frühling		108/109	⋅	
Frühlingsblühen	Paul Maar		⋅	
Von der Raupe zum Schmetterling			⋅	
Bastelanleitung: Löwenzahn-Löwe			⋅	
Rigo und Rosa – Fliegen	Lorenz Pauli	110/111	⋅	179
Lied: Der Kuckuck und der Esel	H. H. von Fallersleben	112/113	⋅	
Wann ist Ostern?		114	⋅	
Kresse-Osterhasen basteln		115	⋅	
Spielstück: Zehn kleine Osterhasen	Bernhard Lins	116/117	⋅	186

Hör mal		**118**		
Mein Nachbar liest ein Buch	Koen Van Biesen	118/119	📖	184
Schnupper-Seite: Hör mal		120/121	·	
Fisches Nachtgesang	Christian Morgenstern		·	
Kennst du's?	Ortfried Pörsel		·	180
Geräusche-Wörter			·	184
Stille Post			·	
Der Geräuschehändler und die Straßenlaterne	Kathrin Rohmann / Jule Wellerdiek	122/123	·	
Mein Glück	Max Kruse	124	·	189
Bau dir ein Musikinstrument		125	·	
Geräusche und Klänge aufnehmen	Romana Romanyschyn	126/127	·	
Leah zeigt's uns	GEOmini	128	·	
Gebärdensprache		129	·	
Natur entdecken		**130**		
Willkommen auf der Wiese	Britta Sabbag und Maite Kelly	130/131	📖	177
Schnupper-Seite: Natur entdecken		132/133	·	
Die Pflanze wächst			·	
Insekten-Steckbriefe			·	
Wusstest du schon?			·	
Basilikum	Ute Wegmann		·	
Himmlische Düfte	Anne Scheller	134	·	
Witzige Pflanzennamen	Christina Braun	134	·	
Brennnesseln sind Superhelden	Christina Braun	135	·	
Die Wette	Antje Damm	136/137	·	186
Alle nutzen Medien		**138**		
Hilfe! Das Internet ist weg!	R.L. Ullmann / Bhumi Loupito	138/139	📖	
Schnupper-Seite: Alle nutzen Medien		140/141	·	
Suchsel, Emojis			·	185
Was kann man mit dem Smartphone alles machen?			·	
Stimmt das?			·	
Der Familien-Chat		142	·	185
Was ist eine App?		143	·	
Mama ist offline	Anette Beckmann	144/145	·	
Das Kikaninchen		146	·	
Die Sendung mit dem Elefanten		146	·	
Elefantabet		146	·	
Ein Daumenkino basteln		147	·	
Fragen an Christoph Guder, den Hörspiel-Macher	dreiausrufezeichen.de	148	·	
Achtung, Aufnahme!		149	·	

Im Sommer		**150**		
Der geheime Strand	Stephanie Schneider / SaBine Büchner	150/151	📖	
Schnupper-Seite: Im Sommer		152/153	⊡	
Drei wichtige Baderegeln			⊡	
Heute: Ausflug in die Berge	Heinz Janisch		⊡	
Die Muschel hat das Meer gefangen	Josephine Hirsch		⊡	
Zungenbrecher	Horst Klein, Anne-Katrin Heger		⊡	189
Lied: Was im Sommer Spaß macht	Rosemarie Künzler-Behncke	154	⊡	
Blitz und Donner		155	⊡	177
Fußballsommer	Veronika Wiggert	156/157	⊡	181, 190
Heimkehr der Farben	Drew Daywelt	158/159	⊡	181
Wir lesen Bücher		**160**		
Ich mag keine Bücher	Emma Perry	160/161	📖	173, 192
Schnupper-Seite: Wir lieben Bücher		162/163	⊡	
Steckbriefe: Stephanie Gessner, Michael Hain, Manuela Olten			⊡	
Übers Dichten	Wolfram Hänel	163	⊡	
Interview mit Stephanie Gessner und Michael Hain		164/165	⊡	
Interview mit Manuela Olten		166/167	⊡	
In der Bücherei		168/169	⊡	
Übersicht Lesetipps		170/171		
Textwerkstatt		**172-192**		
Lesen üben		172/173		
Lesen üben: Lesespiele		174		
Lesen üben und Texte verstehen		175–177		
Zu Texten erzählen, schreiben, malen		178–181		
Zu Texten musizieren		182/183		
Texte hören		184		
Mit Medien umgehen		185		
Texte szenisch spielen		186/187		
Texte vorlesen / Gedichte vortragen		188/189		
Gedichte schreiben		190/191		
Bücher lesen und vorstellen		192/193		
Leseo		194		
Lesestrategien		**195–198**		
Das hilft dir, Texte besser zu lesen und zu verstehen		195-197		
Das hilft dir, verschiedene Textarten zu erkennen		198		

Quellenverzeichnis

S. 6/7: Schomburg, Andrea: Klara schreibt mit blauer Tante, ©Tulipan Verlag GmbH (bearbeitet); **S. 10:** Nonnast, Britta; Jeschke, Stefanie: Henriette rockt die Halle. Schulhündin im Einsatz. Beltz&Gelberg 2021; (gekürzt) **S.13:** Dietl, Erhard: Die Olchis. Muffelfurzcoole Schülerwitze, Oetinger Taschenbuch, 2. Auflage 2017 (gekürzt); **S. 13:** Hattenhauer, Ina: Das ausgelassene ABC Von Ina Hattenhauer © 2019 Gerstenberg Verlag, Hildesheim (verkürzt und geändert); **S. 14:** Schaffer, Lena Kathinka: Wir gehen zur Schule! Von Kenia bis Amerika. Gerstenberg Verlag 2019. (gekürzt); **S. 16:** Zuckowski, Rolf: MUSIK FÜR DICH Rolf Zuckowski OHG (Sikorski Musikverlage), Hamburg/Rolf Zuckowski (gekürzt); **S.17:** Janisch, Heinz: Schulregeln. Aus: Gudrun Schury (Hrsg.): Ein Pudel spricht zur Nudel. Komisches für Kinder. Aufbau Verlag, Berlin 2010. (gekürzt); **S. 17:** Hector, Lea: Freunde. Aus: Freunde. Gertraud Middlehauve Verlag: München 1982; **S. 18:** Werner, Brigitte: Denni, Klara und das Haus Nr. 5: Freies Geisterleben und Urachhaus: Stuttgart 2011. (verkürzt und verändert); **S.19:** Müller, Birte: Planet Willi. Klett Kinderbuch: Leipzig 2012; **S. 20:** Städing, Sabine: Petronella Apfelmus – Hexenbuch und Schnüffelnase, mit Illustrationen von Sabine Büchner, Boje Verlag 2017 (gekürzt); **S. 22:** Walcyk, Jana: Was raschelt da im Laub?, G&G Kinderbuchverlag Edition Nilpferd 2020. (gekürzt); **S. 22:** Guggenmos, Josef: Der Regenwurm. Aus: Kommt in die Felder, Wiesen und Wälder, Ars Edition 2020. S. 59.; **S. 23:** Samson, Horst: Der Herbst kommt über uns. Aus: Gutzschhahn, Uwe-Michael (Hrsg.): Sieben Ziegen fliegen durch die Nacht - Hundert neue Kindergedichte. Dtv 2018; **S. 23:** Strackerjan, Ludwig: Aus dem Kinderleben von 1851 aus: Biesemann, Jessika [Hrsg]: Komm wir feiern Laternenfest!, Coppenrath 2010; **S. 24:** Damm, Antje: Regenwurmtage. Moritz Verlag 2011. S. 24-26. (gekürzt); **S. 25:** Dieffenbach, Georg Christian (1822-1901): Hörst du die Regenwürmer husten?; S. 26: Walczyk, Jana: Was raschelt da im Laub?, G&G Kinderbuchverlag Edition Nilpferd 2020. (gekürzt); **S. 28:** Bydlinski, Georg: Herbst. In: Kommt in die Felder, Wiesen und Wälder, Ars Edition 2020, S. 215. © Georg Bydlinski, www.georg-bydlinski.at; **S. 28:** Fritzke, Erna: Langsam fällt jetzt Blatt für Blatt. In: Kommt in die Felder, Wiesen und Wälder, Ars Edition 2020. S. 254; **S. 29:** Aus Regina Bestle-Körfer/Annemarie Stollwerk, So bunt und stürmisch ist der Herbst, Christophorus 2004; **S. 30:** Biesemann, Jessika [Hrsg]: Komm wir feiern Laternenfest!, Coppenrath 2010. S. 23 (gekürzt); **S. 31:** Stellmacher, Hermien: Warum gibt es Laternenumzüge? (bearb.), aus: Mein großes Jahreszeiten-Buch. arsEdition: München 2006. (verkürzt und verändert); **S. 32:** Patwardhan, Rieke: Platz ist in der kleinsten Hütte. Illustriert von Katja Gehrmann (c) Tulipan Verlag, München 2018(verkürzt und verändert); **S.34:** Prap, Lila: Das tierische Wörterbuch (bearb.), übersetzt von Natalija Bela. NordSüd: Zürich 2006. (verkürzt und verändert); **S. 35:** Petri, Walther: Ein Käfig. Aus: Walther Petri: Humbug ist eine Bahnstation. Der Kinderbuchverlag, Berlin 1980; **S. 36:** Raf: Mein Haustier (Originaltitel: Ich wünschte), (bearb.), aus: Toon Tellegen: Ich wünschte. Übersetzt von Birgit Erdmann. Mixtvision Verlag: München 2012 (verkürzt und verändert); **S. 37:** Lange, Monika: „Bitte streicheln!" (bearb.), aus: Mit Katz und Hund auf Du und Du. rororo Rotfuchs Rowohlt: Hamburg 2000 (verkürzt und verändert); **S. 38:** Krüss, James: James´ Tierleben. Carlsen Verlag, Hamburg 2003 (verkürzt und verändert); **S. 39:** Biermann, Franziska: Der faule Kater Josef (Text und Bilder), (bearb.), Cover und CD-Cover ©2008 Residenz Verlag im Niederösterreichischen Pressehaus Druck- und Verlagsgesellschaft mbH (verkürzt und verändert); **S. 40:** Habersack, Charlotte: Pippa Pepperkorn. 12 lustige Geschichten über Tiere und Schule. Carlsen Verlag, 2. Aufl. 2017, gekürzt und leicht abgeändert (verkürzt und verändert); **S. 42:** Koneffke, Jan: Kakadu und Papagei, aus: Amelie Fried (Hg.): Ich liebe dich wie Apfelmus. cbj Kinder- und Jugendbuchverlag in der Verlagsgruppe Random House: München 2006; **S. 43:** aus: Warum sich Mensch und Hund so gut verstehen www.geo.de/geolino (gekürzt); **S. 44:** Inkiow, Dimiter: Ich und meine Schwester Klara. Erika Klopp Verlag 2000 (gekürzt); **S. 45:** Welches Tier passt zu mir? (bearb.) aus: GEOlino Nr. 9, September 2009. Der GEOlino Haustiercheck Welches Tier passt zu mir?, © GEO 2009, Verlag Gruner + Jahr, Hamburg (verkürzt und verändert); **S. 46:** Andrea Schomburg (Text), Johan Potma (Illustr.): Monster mögen Marmelade (c) Tulipan Verlag, München 2020 (gekürzt); **S. 48:** Andrea Schomburg (Text), Johan Potma (Illustr.): Monster mögen Marmelade (c) Tulipan Verlag, München 2020; **S. 48:** Kai Pannen: Zombert in der Schule des Schreckens. Tulipan Verlag 2019. o.S.; **S. 49:** Volksgut; **S. 49:** Röckener, Andreas: Dreizehn Drachen, aus: Mücki und Max, Heft 11/1991. Universum Verlagsanstalt: Wiesbaden 1991; **S. 50:** Pannen, Kai: Zombert in der Schule des Schreckens. Tulipan Verlag 2019. (gekürzt); **S. 52:** Abbildungen aus: Räuberkinder von Antje Damm (c) 2008 Gerstenberg Verlag, Hildesheim (verkürzt und verändern); **S. 54:** Falke, Gustav: Eine Kuh, die saß im Schwalbennest. In: Amelie Fried und Sybille Hein: Ich liebe dich wie Apfelmus. Die schönsten Gedichte für Klein und Groß. München: cbj Verlag, 2. Auflage 2006, S. 35; **S. 54:** Morgenstern, Christian: Drei Hasen. In: Edmund Jacoby und Rotraut Suanne Berner: Dunkel war's, der Mond schien helle. Hildesheim: Gerstenberg Verlag, 1999, S. 52; **S. 55:** Likar, Gudrun (Text) und Sabine Büchner (Bilder) und Cover: Prinzessin Fibi und der Drache (bearb.) (c) Tulipan Verlag, München 2009; **S. 56:** www.labbe.de/blog/Theaterstueck-Die-Bremer-Stadtmusikanten. Letzter Zugriff 10/22 Copyright©2022 LABBÉ GmbH (gekürzt); **S. 58:** Kling, Marc-Uwe: Der Ostermann. Mit Bildern von Astrid Henn © 2017 Carlsen Verlag GmbH, Hamburg (gekürzt); **S. 60:** Die Schnecke im Winter, aus: Was denkt die Maus am Donnerstag? Beltz & Gelberg: Weinheim und Basel 1998; **S. 60:** Herold, Gottfried: Überraschung. aus: Mein Emil heißt Dackel. Kinderbuchverlag: Berlin 1987; **S. 61:** Hofmann, Friedrich: Die Hirten, aus: Mielitz, Gertrud (Hg.): Sei uns willkommen, schöner Stern. Ernst Kaufmann Verlag: Lahr 1991; **S. 62:** Schweiggert, Alfons: Die Geschichte vom beschenkten Nikolaus, aus: Rolf Krenzer: Weihnachten ist nicht mehr weit. Lahn Verlag: Limburg 1986; **S. 64:** schweden-tipp.de/pepparkaka-schwedische-pfefferkuchen/Letzter Zugriff 10/22 (verkürzt und verändert); **S. 65:** Engel; Erika: Der Pfefferkuchenmann. aus: Die Wundertüte, Kinderbuchverlag, Berlin 1956 (gekürzt); **S. 66:** Elke Gulden und Bettina Scheer: Wir stellen heut die Krippe auf – Ein Weihnachtsspiel. Aus: Spielstücke für die Advents- und Weihnachtszeit. Don Bosco, 1. Auflage 2011 (gekürzt); **S. 68:** Hofbauer, Friedl: Eiszapfen. Aus: Bydlinski, Georg (Hrsg.): Der neue Wünschelbaum. Gedichte für Kinder und ihre Erwachsenen. Wien, Dachs 1999.; **S. 68:** Schürmann-Mock, Iris: Kalte Zeiten. Aus: Iris Schürmann-Mock: Sing, sang, Zwitscherklang. Die Vogelwelt in Versen. Velber, 2015 (gekürzt); **S. 69:** Brüder Grimm, neu erzählt von Hannelore Dierks: Die Sterntaler, aus: Meine erste Kinderbibliothek. Meine ersten Märchen. Ravensburger Buchverlag: Ravensburg 2012; **S. 70:** Otfried Preußler, Susanne Preußler-Bitsch, Daniel Napp: Die kleine Hexe. Winterzauber mit Abraxas. Thienemann 2020, gekürzt und leicht abgeändert. o.S.; **S. 71:** Bydlinski, Georg: Verkleidungsfest. Aus: Georg Bydlinski: Ein Gürteltier mit Hosenträgern. Dachs, Wien 2005 (gekürzt); **S. 72:** Obrecht, Bettina (Text) /Völk, Julie: (Illustr.) Dann gehe ich jetzt, sagte die Zeit (c) Tulipan Verlag, München 2020 (gekürzt); **S. 75:** Sprachspiele Laute-Silben Wörter Sätze. Carlsen Verlag 2018. Seite 41; **S. 75:** Jauk, Barbara: Experiment: Kann ich mithilfe der Sonne die Zeit ablesen?. In: https://kinderzeitung.kleinezeitung.at/experiment-kann-ich-mithilfe-der-sonne-die-zeit-ablesen/ Letzter Zugriff 11/22 (gekürzt); **S. 78:** Perrin, Clotilde: Schnell, schnell schnell. Gerstenberg 2021; **S. 80:** James Krüss: Der ganze Tag, mit A gemalt. In: Knödler, Christine, Wolfsgruber, Linda: Sonnenschein und Sternenschimmer. Gerstenberg Verlag 2010.; **S. 81:** Bade, Eva: Entschuldigung. In: Sprachspiele Laute-Silben Wörter Sätze. Carlsen Verlag 2018. Seite 66.; **S. 82:** Juliana Perdomo, Manchmal bin ich alles, was ich brauche, Zuckersüß Verlag 2023; **S. 86:** Von Kitzin, Konstanze: Ich mag … schaukeln, malen, Fußball, Krach. Carlsen Verlag, Hamburg 2016. ISBN 978-3-551-17061-3 („Was ich mag"); **S. 88:** Maar, Anne: Nele langweilt siich. Illustriert von Manuela Olten. Tulipan ABC 2016. o.S. (Auszug); **S. 89:** Clormann-Lietz, Nora: Langeweile? Tu was! (gek.). Aus: Schury (Hrsg.), Ein Pudel spricht zur Nudel, Aufbau Verlag, 2010 (verkürzt und verändert); **S. 90:** Engler, Michael: Das alles ist Familie. Illustriert von Julianna Swaney. ArsEdition 2021. o.S. (gekürzt); **S. 92:** Anne Kostrzewa/Inka Vigh: Geburtstag, Karneval & Lichterfest — so feiert man Feste anderswo. Sauerländer Verlag, Frankfurt a.M. 2020. (gekürzt); **S. 94:** Fobian, Clemens: Soll ich es sagen? Illustriert von Mirjam Zels. Marta Press 2019. o.S. (gekürzt); **S. 96:** Gessner, Stephanie/Hain, Michael (Text), Töpperwien, Meike (Illustr.): Theo trifft den Ton (c) Tulipan Verlag, München 2021 (gekürzt); **S. 98:** Rätsel: Der Schatten. Aus: Frann Preston-Gannon [Illu/Hrsg]: Kommt in die Felder, Wiesen und Wälder!, Ars Edition 2018. S. 159.; **S. 99:** Guggenmos, Josef: Abfallverwertung, aus: Oh, Verzeihung, sagte die Ameise. Beltz & Gelberg: Weinheim und Basel 1990; **S. 104:** Bull, Charlotte (Hrsg): Zu gut für die Tonne. Illustriert von Charlotte Bull. Übersetzt von Wiebke Krabbe. Dorling Kindersley Verlag, München 2020.; **S. 105:** Bernhard Lins, Marlies Rierper-Bastian [Illus], Kindertheater aus der Fabelwelt. Annette Betz 2010. S. 10-11. (gekürzt); **S. 106:** Klein, Martin: Finn und Frieda finden den Frühling. Illustriert von Kerstin Meyer (c) Tulipan Verlag, München 2018 (gekürzt); **S. 108:** Paul Maar: Aprilwetter. In: Ders.: Kakadu und Kukuda. Hamburg: Verlag Friedrich Oetinger, 2016, S. 46; **S. 110:** Pauli, Lorenz: Als Rigo Mäuse anpflanzte und Rosa die Leoparden erfand. Illustriert von Kathrin Schärer. Zürich: Atlantis Verlag, 2020, S. 15-19. (gekürzt); **S. 112:** Heinrich Hoffmann von Fallersleben: Der Kuckuck und der Esel. In: Edmund Jacoby und Rotraut Suanne Berner: Dunkel war´s, der Mond schien helle. Hildesheim: Gerstenberg Verlag; **S. 114:** kinderweb.eu/kinderseiten/wissen/ostern; **S. 116:** Lins, Bernhard: Zehn kleine Osterhasen, aus: Kindertheater fürs ganze Jahr. Annette Betz: Wien, München 2008; **S. 118:** Van Biesen, Koen: Mein Nachbar liest ein Buch (Text und Bilder) (bearb.) und Cover, übersetzt von Ulrike Kemmann. Mixtvision: München 2014 (verkürzt und verändert); **S. 120:** gemeinfrei; z.B. in: Conrady, Karl Oto (Hrsg.): Der große Conrady - Das Buch deutscher Gedichte. Patmos 2008. S. 544; **S. 120:** Ortfried Pörsel: Kennst du's? In: Überall und neben dir – Gedichte für Kinder. Hrsg. v. Hans-Joachim Gelber. © 1986 Beltz Verlag, Weinheim und Basel. Programm Beltz & Gelberg, Weinheim.; **S. 122:** Rohmann, Kathrin: Der Geräuschehändler. Mit Illustrationen von Jule Wellerdiek. München: Knesebeck GmbH & Co. Verlag KG, 2022; **S. 124:** Kruse, Max: Mein Glück. In: Amelie Fried und Sybille Hein: Ich liebe dich wie Apfelmus. Die schönsten Gedichte für Klein und Groß. München: cbj Verlag, 2. Auflage 2006, S. 68; **S. 126:** Romanyschyn, Romana: Hören. Illustriert von Andrij Lessiw und übersetzt von Claudia Dathe. Gerstenberg 2021 (verkürzt und verändert); **S. 128:** Geolino Mini 09/2019, S. 16–19, Leah zeigt's uns. Autor: Heiko Kammerhoff; **S. 130:** Britta Sabbag/Maite Kelly, Die kleine Hummel Bommel entdeckt die Wiese; Illustrationen von Joëlle Tourlonias © 2019 arsEdition GmbH, München (gekürzt); **S. 132:** Pypke, Susanne: Wir retten die Bienen, Igel und Käfer. frechverlag GmbH, Stuttgart 2019.; **S. 133:** paul-schrader.de/genusswelt/10-fakten-ueber-honig-und-bienen/ Letzte Prüfung 11/22 (verkürzt und verändert); **S. 133:** Wegmann, Ute: Basilikum. In: Ute Wegmann_ manchmal bist du überall. Geschichten & Gedichte. Illustriert von Thomas M. Müller. Hanser Verlag 2022. Seite 71.; **S. 134:** Scheller, Anne: Die Superkräfte der Pflanzen. Wahre Superhelden der Natur! Illustriert von Anika Sauerborn. Moses Verlag, Kempen 2022. Seite 22.; S. 134: Braun, Christina: Was ist Was. Erstes Lesen. Natur entdecken. Band 4 Tessloff Nürnberg 2018. Seite 18; **S. 135:** Braun, Christina: Was ist Was. Erstes Lesen. Natur entdecken. Band 4 Tessloff Nürnberg 2018. (gekürzt); **S. 136:** Antje Damm: Die Wette ©2021 Moritz Verlag (gekürzt); **S. 138:** Aus: R.L. Ullman, „Hilfe! Das Internet ist weg!" Illustriert von Bhumi Loupito. © migo im Verlag Friedrich Oetinger, Hamburg; **S. 143:** internet-abc.de/kinder/lexikon/a-g/app/ Letzter Zugriff 11/22 (gekürzt); **S. 144:** Beckmann, Anette: Carlotta, Henry und das Leben - Mama ist offline und nix geht mehr. Illustriert von Marion Goedelt. Tulipan 2018. (gekürzt); **S. 148:** diedreiausrufezeichen.de/hinter-den-kulissen/interviews/interview-mit-christoph-guder/Letzter Zugriff 11/22 (verkürzt und verändert); **S. 150:** Schneider, Stephanie: Lotta Rikotta und der geheime Strand. Illustriert von Sabine Büchner (c) Tulipan Verlag, München 2021 (gekürzt); **S. 152:** Janisch, Heinz: Heute: Ausflug in die Berge (Originaltitel: Aus dem Notizbuch eines Engels), aus: Wieland Freund, Heinz Janisch u. a.: Mein Sommer-Buch. Bloomsbury Verlag: Berlin 2011; **S. 152:** Hirsch, Josephine: Die Muschel hat das Meer gefangen, aus: Georg Bydlinski: Der neue Wünschelbaum. Dachs: Wien 1999; **S. 153:** Klein, Horst: HALTET DEN DIE!. Klett Kinderbuch 2016; **S. 153:** Anne-Katrin Heger (Hrsg.) , Bianca Schaalbur (Illustrationen) Geht der Mops auf Katzenklo. Witze und Mehr. dtv junior München 2014, Seite 139; **S. 154:** Rosemarie Künzler-Behncke; **S. 155:** klexikon.zum.de/wiki/Gewitter; letzter Zugriff 11/22 (gekürzt); **S. 156:** Wiggert, Veronika: Fußballsommer. Illustriert von Marie Geissler Wiggert (c)Tulipan Verlag, München 2021 (gekürzt); **S. 158:** Drew Daywelt, Oliver Jeffers: Die Heimkehr der Farben. NordSüd 2018 (gekürzt); **S. 160:** Perry, Emma: Ich mag keine Bücher. Nie. Niemals. Nie. Illustriert von Sharon Davey. Übersetzt von Rike Benckendorff (c) Dragonfly 2019 (gekürzt); **S. 163:** Hänel, Wolfram: Übers Dichten. Aus: Berner/Jacoby, Dunkel war´s, der Mond schien helle, Gerstenberg 1999.

Fotos und Bilder

S.6 u.r.: Schomburg, Andrea (Text) und Kai Pannen (Bilder): Klara schreibt mit blauer Tante (bearb.) und Cover.©Tulipan Verlag GmbH: München 2014, **S.7**: Schomburg, Andrea (Text) und Kai Pannen (Bilder): Klara schreibt mit blauer Tante (bearb.) und Cover.©Tulipan Verlag GmbH: München 2014; **S.11**: Britta Nonnast (T)/ Stefanie Jeschke (Ill): Henriette rockt die Halle.©2021 Beltz&Gelberg, Verlagsgruppe Beltz; **S.13 u.**: Abbildungen aus: Das ausgelassene ABC Von Ina Hattenhauer©2019 Gerstenberg Verlag, Hildesheim; **S.18/19**: Birte Müller: Planet Willi©2012 Klett Kinderbuch, Leipzig; **S.20/21**: Sabine Städing, Petronella Apfelmus – Hexenbuch und Schnüffelnase, mit Illustrationen von Sabine Büchner, Boje Verlag 2017; **S.24**: Antje Damm: Regenwurmtage. Moritz Verlag: Frankfurt am Main 2011; **S.26 M.**: stock.adobe.com/Lensman300; **S.26 u.**: mauritius images/alamy stock photo/Arterra Picture Library; **S.27 M.**: Shutterstock.com/Ujhelyi; **S.27 u.**: Shutterstock.com/Studioimagen73; **S.32-33**: Rieke Patwardhan: Platz ist in der kleinsten Hütte. Illustriert von Katja Gehrmann. Tulipan Verlag, 2018; **S.34 u.**: Garfield©Jim Davis/Distr. Andrew McMeel Syndicate/Distr. Bulls; **S.39 o.**: stock.adobe.com/dimedrol68; **S.44**: Dimiter Inkiow, „Ich und meine Schwester Klara. Die schönsten Geschichten zum Vorlesen". © Ellermann im Dressler Verlag, Hamburg; **S.46-47**: Andrea Schomburg: Monster mögen Marmelade. Illustriert von Johan Potma. Tulipan Verlag, 2020; **S.48, 50-51**: Kai Pannen: Zombert in der Schule des Schreckens. Tulipan Verlag, 2019; **S.52**: Abbildungen aus: Räuberkinder von Antje Damm©Gerstenberg Verlag, Hildesheim; **S.55**: Likar, Gudrun (Text) und Sabine Büchner (Bilder) Prinzessin Fibi und der Drache (c) Tulipan Verlag, München 2009; **S.58-59**: Marc-Uwe Kling: Der Ostermann. Mit Bildern von Astrid Henn©2017 Carlsen Verlag GmbH, Hamburg; **S.64 o.r.**: Shutterstock.com/Maria_Usp; **S.70**: Otfried Preußler: Die kleine Hexe – Winterzauber mit Abraxas. Mit Illustrationen von Daniel Napp. © 2020 Thienemann in der Thienemann-Esslinger Verlag GmbH, Stuttgart; **S.72/73**: Obrecht, Bettina: Dann gehe ich jetzt, sagte die Zeit. Illustriert von Julie Völk, Tulipan Verlag, 2020; **S.76 u.l.**: mauritius images/alamy stock photo/Science History Images; **S.76 u.r.**: Shutterstock.com/mihalec; **S.76 M.u.**: mauritius images/alamy stock photo/Artokoloro; **S.82-83**: Juliana Perdomo, Manchmal bin ich alles, was ich brauche, Zuckersüß Verlag 2023; **S.84 M.**: Aus „Heute bin ich" von Mies van Hout, Erstveröffentlichung 2011 in den Niederlanden unter dem Namen „Vrolijk", Veröffentlichung der deutschsprachigen Ausgabe durch aracari verlag im Jahr 2012; **S.85 o.**: Shutterstock.com/Studio 1One; **S.85 u.**: mauritius images/alamy stock photo/Janet Horton; **S.86-87**: Constanze von Kitzing: Ich mag … schaukeln, malen, Fußball, Krach.©2016 Carlsen Verlag GmbH, Hamburg; **S.88**: Maar, Anne: Nele langweilt sich. Illustriert von Manuela Olten. Tulipan ABC 2016; **S.90 o.**: Shutterstock.com/fizkes; **S.90 u.**: Shutterstock.com/Yuriy Golub; **S.91 o.**: Shutterstock.com/MNStudio; **S.91 u.**: Shutterstock.com/Jack Frog; **S.97**: Stephanie Gessner, Michael Hain: Theo trifft den Ton. Illustriert von Meike Töpperwien. Tulipan ABC 2021.; **S.101**: Shutterstock.com/baibaz; **S.106-107**: Klein, Martin: Finn und Frieda finden den Frühling. Illustriert von Kerstin Meyer. Tulipan 2018; **S.110-111**: Pauli, Lorenz: Als Rigo Mäuse anpflanzte und Rosa die Leoparden erfand. Illustriert von Kathrin Schärer. Zürich: Atlantis Verlag, 2020; **S.119**: Van Biesen, Koen: Mein Nachbar liest ein Buch. © mixtvision Verlag, München 2014; **S.122-123**: Aus Rohmann, Kathrin: Der Geräuschehändler. Mit Illustrationen von Jule Wellerdiek. München: von dem Knesebeck GmbH & Co. Verlag KG, 2023; **S.126 o.**: Shutterstock.com/James Steidl; **S.126 M.**: Shutterstock.com/AlexLMX; **S.126 u.**: Shutterstock.com/Vova Shevchuk; **S.127 o.**: Shutterstock.com/Fit Ztudio; **S.127 M.**: Shutterstock.com/iceink; **S.127 u.**: Shutterstock.com/Istvan Csak; **S.130-131**: Britta Sabbag, Maite Kelly: Die kleine Hummel Bommel entdeckt die Wiese. Illustriert von Joelle Tourlonias. ArsEdition 2019; **S.132 M.r.**: Shutterstock.com/unpict; **S.133**: Shutterstock.com/Daniel Prudek; **S.134 1**: stock.adobe.com/Ruckszio; **S.134 2**: stock.adobe.com/Robert Biedermann; **S.134 3**: stock.adobe.com/dabjola; **S.135**: Shutterstock.com/Kazakov Maksim; **S.136**: Antje Damm: Die Wette.©2021 Moritz Verlag; **S.137**: Antje Damm: Die Wette.©2021 Moritz Verlag; **S. 138/139**: Aus: R.L. Ullman, „Hilfe! Das Internet ist weg!" Illustriert von Bhumi Loupito. migo im Verlag Friedrich Oetinger, Hamburg; **S.140**: Shutterstock.com/stas11; **S.142 Hände**: Shutterstock/SpicyTruffel; **S.142 Smiley**: Shutterstock.com/Sergi Martin; **S.144**: Shutterstock.com/vectorlight; **S.145**: Shutterstock.com/vectorlight; **S.146**: Kikaninchen ©KiKA; **S.150/151**: Schneider, Stephanie: Lotta Rikotta und der geheime Strand. Illustriert von Sabine Büchner. Tulipan ABC 2021; **S.156/157**: Wiggert, Veronika: Fußballsommer. Illustriert von Marie Geissler Wiggert. Tulipan ABC 2021; **S.160/161**: Perry, Emma: Ich mag keine Bücher. Nie. Niemals. Nie. Illustriert von Sharon Davey. Übersetzt von Rike Benckendorff. Dragonfly 2019; **S.162 M.r.**: Christine Tritschler; **S.162 o.l.**: Wonge Bergmann; **S.164**: Christine Tritschler; **S.166**: Jessica Schäfer; **S.170 1 Reihe 1 v.l.**: Stephanie Gessner, Michael Hain: Theo trifft den Ton. Illustriert von Meike Töpperwien. Tulipan ABC 2021.; **S.170 1 Reihe 2 v.l.**: Dimiter Inkiow, „Ich und meine Schwester Klara. Die schönsten Geschichten zum Vorlesen".©Ellermann im Dressler Verlag, Hamburg; **S.170 2 Reihe 1 v.l.**: Britta Sabbag, Maite Kelly: Die kleine Hummel Bommel entdeckt die Wiese. Illustriert von Joelle Tourlonias. ArsEdition 2019; **S.170 2 Reihe 2 v.l.**: Klein, Martin: Finn und Frieda finden den Frühling. Illustriert von Kerstin Meyer. Tulipan 2018; **S.170 2 Reihe 3 v.l.**: Likar, Gudrun (Text) und Sabine Büchner (Bilder) Prinzessin Fibi und der Drache (c) Tulipan Verlag, München 2009; **S.170 3 Reihe 1 v.l.**: Maar, Anne: Nele langweilt sich. Illustriert von Manuela Olten. Tulipan ABC 2016; **S.170 3 Reihe 2 v.l.**: Obrecht, Bettina: Dann gehe ich jetzt, sagte die Zeit. Illustriert von Julie Völk, Tulipan Verlag, 2020; **S.170 4 Reihe**: Kai Pannen: Zombert in der Schule des Schreckens. Tulipan Verlag, 2019; **S.171 1 Reihe 1 v.l.**: Rieke Patwardhan: Platz ist in der kleinsten Hütte. Illustriert von Katja Gehrmann. Tulipan Verlag, 2018; **S.171 1 Reihe 2 v.l.**: Perry, Emma: Ich mag keine Bücher. Nie. Niemals. Nie. Illustriert von Sharon Davey. Übersetzt von Rike Benckendorff. Dragonfly 2019; **S.171 1 Reihe 3 v.l.**: Otfried Preußler: Die kleine Hexe – Winterzauber mit Abraxas. Mit Illustrationen von Daniel Napp ©2020 Thienemann in der Thienemann-Esslinger Verlag GmbH, Stuttgart; **S.171 2 Reihe 1 v.l.**: Andrea Schomburg: Monster mögen Marmelade. Illustriert von Johan Potma. Tulipan Verlag, 2020; **S.171 2 Reihe 2 v.l.**: Schneider, Stephanie: Lotta Rikotta und der geheime Strand. Illustriert von Sabine Büchner. Tulipan ABC 2021; **S.171 2 Reihe 3 v.l.**: bine Städing, Petronella Apfelmus – Hexenbuch und Schnüffelnase, mit Illustrationen von Sabine Büchner, Boje Verlag 2017; **S.171 3 Reihe**: Wiggert, Veronika: Fußballsommer. Illustriert von Marie Geissler Wiggert. Tulipan ABC 2021; **S.171 4 Reihe**: Van Biesen, Koen: Mein Nachbar liest ein Buch. © mixtvision Verlag, München 2014; **S.185 1 Reihe 1-2 v.l.**: Shutterstock.com/ober-art; **S.185 1 Reihe 3 v.l.**: Shutterstock/robuart; **S.185 1 Reihe 4 v.l.**: Shutterstock/M_Videous; **S.185 1 Reihe 5 v.l.**: Shutterstock/Ico Maker; **S.185 1 Reihe 6 v.l.**: Shutterstock/Treter; **S.185 2 Reihe 1 v.l.**: Shutterstock/Aratehortua; **S.185 2 Reihe 2 v.l.**: Shutterstock/Natykach Nataliia; **S.185 2 Reihe 3 v.l.**: Shutterstock/JosepPerianes; **S. 185 2 Reihe 4 v.l.**: Shutterstock/indahp; **S.185 2 Reihe 5 v.l.**: Shutterstock/Aratehortua; **S.192 o.r.**: Klein, Martin: Finn und Frieda finden den Frühling. Illustriert von Kerstin Meyer. Tulipan 2018; **S.198 u.**: stock.adobe.com/Friedberg

Notensatz: **S.112 o.**: Cornelsen/Inhouse, **S.154 o.**: Melodie: Musikverlag Franke und Neuhaus, Dortmund/Klaus W. Hoffmann; Text: Rosemarie Künzler/Rosemarie Künzler-Behncke; Satz: Kontrapunkt Satzstudio Bautzen

Auflösungen

Seite 8	Aus Tinte wird Tante
Seite 9	Brot-Dose, Haus-Meister, Hunde-Schule
Seite 22	Aus Wind wird Kind
Seite 35	KATZE, HAMSTER, HUHN, PAPAGEI, MAUS
	Aus Katze wird Kotze
Seite 48	SIMSALABIM HOKUSPOKUS FIDIBUS
	DREIMAL SCHWARZER KATER
Seite 49	Aus Wolke wird Wolle
Seite 60	Aus Kerzen wird Herzen
Seite 74	Aus Uhr wird Ohr
Seite 84	Aus Fisch wird Tisch
Seite 98	Rätsel: Der Schatten
	Aus Pferd wird Herd
Seite 108	Aus Rose wird Hose
Seite 120	Aus Möwe wird Löwe
Seite 140	SMARTPHONE, FERNSEHER, HANDY, COMPUTER, RADIO, TABLET
Seite 141	Aus Glatze wird Glotze
Seite 153	Aus Tonne wird Sonne
Seite 162	Aus Wurm wird Turm

Jo-Jo 2

Lesebuch

Erarbeitet von:	Ulrike Barzik, Tanja Glatz, Manuela Hantschel, Mareike Zastrow
Unter Einbeziehung der Ausgabe von:	Katja Eder, Silke Fokken, Tanja Glatz, Manuela Hantschel, Nicola Kiwitt
Beratung von:	Sara Henkel (Esslingen am Neckar), Marina Hilgemann (Münster), Susanne Ritterbusch (Berlin), Lisa Windisch (Frankfurt a. M.)
Redaktion:	Hannah Feyen
Illustrationen:	Thorsten Droessler: S. 2, 4 (Fenster), 5 (Womp), 8 (Tinte, Treppe), 12, 14, 15, 16, 22, 25, 29, 35, 36, 38, 40, 43, 44, 49, 53, 54, 56, 60 (Kerzen), 61, 65, 68, 69, 74, 75, 77, 78, 79, 80, 81, 84, 89, 92, 94, 95, 98 (Pferd), 99, 100, 103, 104, 108, 109, 112, 113, 114, 115, 120, 121, 124, 125, 129 (Hände), 141, 143, 147, 149, 152, 153, 155, 158, 159, 162, 168, 169, 172 (Schulregeln), 173, 177, 179 (Kind), 180, 182, 189, 193, 198 Pe Grigo: S. 4 (Vogel, Drachen, Mädchen, Ostern), 5 (Mann, Smiley), 8 (Zahlen), 9, 23, 28, 30, 31, 34, 37, 42, 45, 60 (Schneesturm, Schneckenhaus), 62, 63, 71, 98 (Himmel und Hölle), 116, 117, 132, 154, 170, 172 (Eriks Schulmorgen), 173, 176, 178, 179 (Vogel), 181, 183, 187, 188, 190, 191, 192, 195, 196, 197 Gabriele Heinisch: Kapitelvignetten Barbara Jung: S. 129 Lautbild Oma Manuela Ostadal: S. 129 übrige Lautbilder Imke Sönnichsen: Hund Jo-Jo
Umschlagillustration:	Dorothee Mahnkopf
Gesamtgestaltung:	Heike Börner
Layout und technische Umsetzung:	Reemers Publishing Services GmbH, Krefeld

⸻

⚀ einfacher Text   ⚁ mittlerer Text   ⚂ schwieriger Text   📖 Vorlesebuch

Medienkompetenz:

🔖 Leseo   ▷ Video   🔊 Audio

Die kostenlosen digitalen Medien zum Schulbuch finden die Kinder in der *Cornelsen Lernen App*.

⸻

www.cornelsen.de

Soweit in diesem Lehrwerk Personen fotografisch abgebildet sind und ihnen von der Redaktion fiktive Namen, Berufe, Dialoge und Ähnliches zugeordnet oder diese Personen in bestimmte Kontexte gesetzt werden, dienen diese Zuordnungen und Darstellungen ausschließlich der Veranschaulichung und dem besseren Verständnis des Inhalts.

1. Auflage, 3. Druck 2024

Alle Drucke dieser Auflage sind inhaltlich unverändert und können im Unterricht parallel eingesetzt werden.

© 2024 Cornelsen Verlag GmbH, Mecklenburgische Str. 53, 14197 Berlin

Das Werk und seine Teile sind urheberrechtlich geschützt. Jede Nutzung in anderen als den gesetzlich zugelassenen Fällen bedarf der vorherigen schriftlichen Einwilligung des Verlages. Hinweis zu §§ 60 a, 60 b UrhG: Weder das Werk noch seine Teile dürfen ohne eine solche Einwilligung an Schulen oder in Unterrichts- und Lehrmedien (§ 60 b Abs. 3 UrhG) vervielfältigt, insbesondere kopiert oder eingescannt, verbreitet oder in ein Netzwerk eingestellt oder sonst öffentlich zugänglich gemacht oder wiedergegeben werden. Dies gilt auch für Intranets von Schulen und anderen Bildungseinrichtungen und anderen Bildungseinrichtungen.

Der Anbieter behält sich eine Nutzung der Inhalte für Text und Data Mining im Sinne § 44b UrhG ausdrücklich vor.

Druck: Mohn Media Mohndruck, Gütersloh

ISBN 978-3-464-80725-5
ISBN: 1100030509 (E-Book)

PEFC-zertifiziert
Dieses Produkt stammt aus nachhaltig bewirtschafteten Wäldern und kontrollierten Quellen

PEFC/04-31-1033   www.pefc.de

Jo-Jo 2

mit Lese-strategien

_____
Name

Lesebuch
Das kann ich schon

Cornelsen

Miteinander (Seite 6–9)

1 Auf welcher Seite beginnt das Kapitel Miteinander? Schreibe auf.

2 Auf welchen Seiten steht ein Hinweis für eine Aufgabe in der Textwerkstatt? Schreibe auf.

3 Welche Überschrift hat der Text auf Seite 9? Schreibe auf.

4 Seite 9: „Eriks Schulmorgen"
In welchen Zeilen siehst du Sarah? Schreibe auf.

Zeile: _____ und _____

5 Seite 10 und 11: „Henriette rockt die Halle"
Mit welchem Wort beginnt der zweite Abschnitt des Textes? Schreibe auf.

 Diese Seite fand ich ○ leicht ○ mittel ○ schwer

Sich in Büchern und Texten orientieren   Datum: _____

6 Seite 17: „Freunde"
Welches Wort aus dem Text hat die meisten Silben?
Schreibe auf. Zeichne Silbenbögen ein.

7 Seite 15: „Schule in Argentinien"
Wer hat den Text geschrieben? Schreibe auf.

8 Seite 18 und 19: „Denni, Klara und das Haus Nr. 5"
In welcher Zeile steht das Wort „laut"?
Suche im dritten Abschnitt. Schreibe auf.

Zeile:

Das hat mir im Kapitel Miteinander gut gefallen:

Diese Seite fand ich   ○ leicht   ○ mittel   ○ schwer

Im Herbst (Seite 26/27)

Tiere bereiten sich auf den Winter vor

1 Was machen Eichhörnchen im Herbst?
Kreuze an.

Sie ...
- ☐ schlafen im Baum.
- ☐ graben Wurzeln aus.
- ☐ sammeln Vorräte für den Winter.
- ☐ schlüpfen in ihre Nester.

2 Wo hält die Haselmaus Winterschlaf?
Kreuze an.

- ☐ Nistkasten
- ☐ Erdloch
- ☐ Baum

3 Wo verstecken Elstern und Eichelhäher ihre Vorräte?
Kreuze an.

- ☐ Nest
- ☐ Waldboden
- ☐ Kehlsack

Diese Seite fand ich ○ leicht ○ mittel ○ schwer

Einen Sachtext verstehen, Bilder nutzen Datum: _____

4 Warum sammeln Eichhörnchen Futtervorräte? Erkläre.

Die Bilder und den Sachtext „Tiere bereiten sich vor" fand ich

☐ leicht zu lesen   ☐ schwierig zu lesen

Das hat mir im Kapitel **Im Herbst** gut gefallen:

Diese Seite fand ich   ○ **leicht**   ○ **mittel**   ○ **schwer**   5

Tiere (Seite 45)

Welches Tier passt zu mir?

1 Welches Tier lebt am längsten? Schreibe auf.

_____

Welches Tier lebt am kürzesten? Schreibe auf.

_____

2 Welches Haustier ist gemeint?
Kreuze jeweils das richtige Tier an.

Dieses Tier kostet nicht so viel Geld.
Es ist kein Kuscheltier.

☐ Wellensittich
☐ Fisch

Dieses Tier braucht am meisten Zeit.
Es braucht viel Platz.

☐ Hund
☐ Katze

Diese Seite fand ich ○ leicht ○ mittel ○ schwer

Einen diskontinuierlichen Text nutzen

Datum: _____

3 Moni möchte gerne ein kuscheliges Tier.
Moni hat wenig Geld. Sie hat zu Hause nur wenig Platz.
Welches Tier passt zu Moni? Schreibe auf und begründe.

_____

_____

_____

_____

Die Schaubilder „Welches Tier passt zu mir?" fand ich

☐ leicht zu lesen   ☐ schwierig zu lesen

Das hat mir im Kapitel **Tiere** gut gefallen:

_____

_____

_____

_____

_____

Diese Seite fand ich   ○ **leicht**   ○ **mittel**   ○ **schwer**

Das bin ich (Seite 94/95)

Soll ich es sagen?

1 Was möchte Ramin Paul zum Geburtstag schenken? Kreuze an.

☐ einen Glitzerstift
☐ einen Fußball
☐ ein Glitzerbild

2 Wie geht die Fensterscheibe kaputt? Schreibe auf und gib die Textstelle an, die dir bei der Antwort geholfen hat.

Zeile: ☐ bis Zeile: ☐

Diese Seite fand ich ○ leicht ○ mittel ○ schwer

Stellung zu Texten nehmen

Datum: _____

3 Ist es immer gut, ein Geheimnis für sich zu behalten? Begründe.

_____
_____
_____
_____
_____

Die Geschichte „Soll ich es sagen?" fand ich

☐ leicht zu lesen   ☐ schwierig zu lesen

Das hat mir im Kapitel **Das bin ich** gut gefallen:

_____
_____
_____
_____

Diese Seite fand ich ○ **leicht** ○ **mittel** ○ **schwer**

Im Frühling (Seite 116/117)

Zehn kleinen Osterhasen

1 Was haben die kleinen Osterhasen gemacht? Kreuze alle richtigen Antworten an.

☐ Sie liefen durch den Klee.
☐ Sie kochten Eier.
☐ Sie färbten Eier.
☐ Sie aßen Eier.
☐ Sie rührten Farben an.
☐ Sie bauten Nester.

2 Finde die fehlenden Reimwörter. Schreibe sie dazu.

~~weh~~   Ei   wohl   gehn   um   fern   mehr

Klee – weh

Kohl –

Rum –

herbei –

gern –

sehr –

zehn –

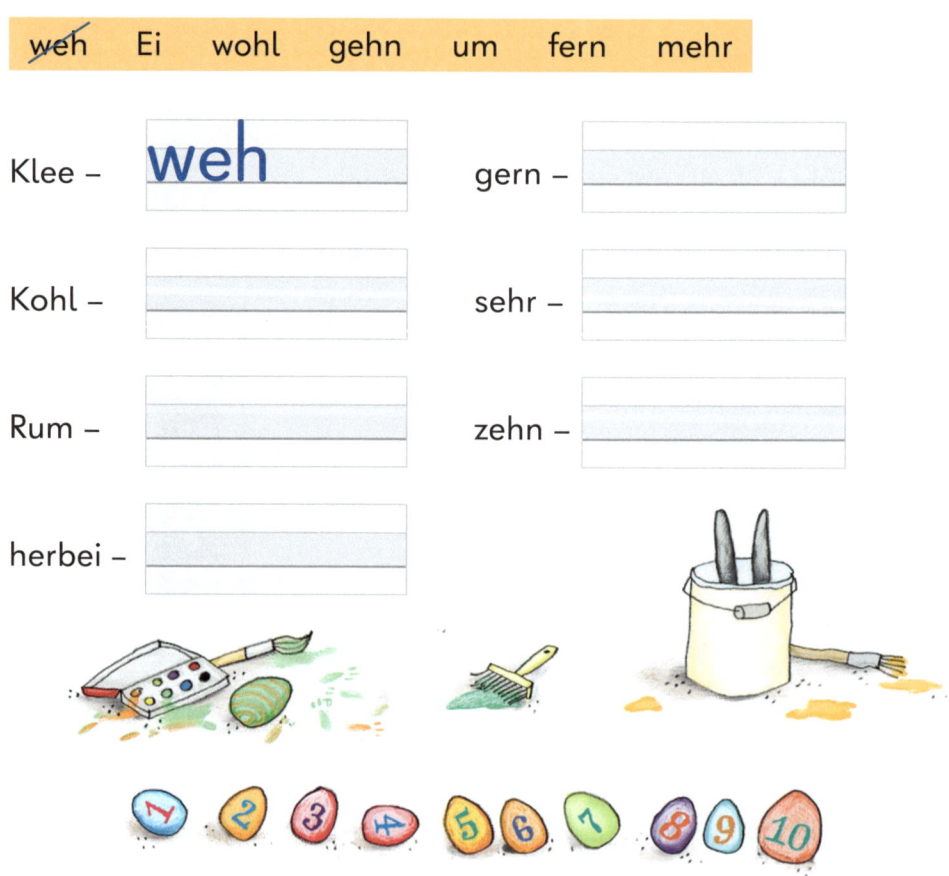

10 Diese Seite fand ich ○ leicht ○ mittel ○ schwer

Mit einem Spielstück umgehen

Datum: _____

3 Ein Hase schickte eine SMS. Was stand in der SMS?
Überlege und schreibe auf.

Das Spielstück „Zehn kleine Osterhasen"
fand ich

☐ leicht zu lesen   ☐ schwierig zu lesen

Das hat mir im Kapitel **Im Frühling** gut gefallen:

Diese Seite fand ich   ○ **leicht**   ○ **mittel**   ○ **schwer**

Alle nutzen Medien (Seite 144/145)

Mama ist offline

1 Welche sozialen Medien nutzt Mama?
Kreuze alle richtigen Antworten an.

☐ Facebook
☐ WhatsApp
☐ TikTok
☐ Twitter
☐ Snapchat
☐ Instagram

Das sehe oder spiele ich gerne:

Diese Seite fand ich ○ leicht ○ mittel ○ schwer

Fragen zu Texten beantworten

Datum: _____

2 Was fand Papa super, als er klein war?

_____

3 Welche Regeln habt ihr zu Hause
für den Umgang mit digitalen Medien?

_____

_____

_____

_____

4 Die Geschichte „Mama ist offline" fand ich

☐ leicht zu lesen   ☐ schwierig zu lesen

Das hat mir im Kapitel Alle nutzen Medien gut gefallen:

_____

_____

_____

Diese Seite fand ich   ○ leicht   ○ mittel   ○ schwer

Im Sommer (Seite 156/157)

Fußballsommer

1 Welche Aussagen stimmen? Kreuze an.

☐ Tobi isst ein Brot mit Erdbeermarmelade.
☐ Tobi hat gute Laune, weil schulfrei ist.
☐ Die Renovierung des Hauses hat sehr viel Geld gekostet.
☐ Karl fährt zu seiner Oma an die Ostsee.
☐ Ella ist für drei Wochen verreist.
☐ Tobi will als Erstes auf den Fußballplatz.

2 Tobi sagt, dass man Ferien „auch wunderbar allein verbringen" kann. Stimmst du dieser Aussage zu? Begründe deine Antwort.

Diese Seite fand ich ○ leicht ○ mittel ○ schwer

Gefühle verstehen

Datum: _____

3 Worauf freust du dich in den Ferien am meisten?
Schreibe auf und begründe deine Antwort.

_____
_____
_____
_____
_____

Die Geschichte „Fußballsommer" fand ich

☐ leicht zu lesen ☐ schwierig zu lesen

Das hat mir im Kapitel **Im Sommer** gut gefallen:

_____
_____
_____
_____

Diese Seite fand ich ○ **leicht** ○ **mittel** ○ **schwer** 15

Wir lesen Bücher (Seite 162–165)

Übers Dichten

1 Ergänze die Reimwörter aus dem Gedicht.

sagt –

zählen –

recht –

schlau –

Sau –

hin –

schlecht –

Gedicht –

sein –

16 Diese Seite fand ich ○ leicht ○ mittel ○ schwer

Informationen über einen Autor finden   Datum: _____

2 Schreibe auf, was du über Stephanie Gessner erfahren hast.

Geboren am:

Geboren in:

Beruf:

Bücher von Stephanie Gessner:

Das habe ich noch über Stephanie Gessner herausgefunden:

Diese Seite fand ich   ○ leicht   ○ mittel   ○ **schwer**   17

Wir lesen Bücher (Seite 170/171)

Kinderbücher

1 Schreibe oder male deine Lieblingsbücher und Hörbücher in das Regal.

18 Diese Seite fand ich ○ leicht ○ mittel ○ schwer

Lieblingsbücher benennen

Datum: _____

Diese Seite fand ich   ○ leicht   ○ mittel   ○ schwer

Vorlage zum Führen individueller Kompetenzgespräche

Hier schreibst du zusammen mit deiner Lehrerin oder deinem Lehrer auf, was du schon alles kannst.

Lesefähigkeiten		Datum	Anmerkungen
Ich kann Wörter auf- und abbauen und Wörter konstruieren.	○		
Ich kann Wörter in Silben gliedern.	○		
Ich kann Sätze erlesen und verstehen.	○		
Ich kann Texte erlesen und verstehen.	○		
Ich kann das Lesen in einem Leseteam üben.	○		
Ich kann Arbeitsaufträge erlesen und danach handeln.	○		
Ich kann Fragen zu Texten beantworten.	○		

Lesefähigkeit und Leseerfahrung sichtbar machen		Datum	Anmerkungen
Ich kann sagen, ob ich gut vorgelesen habe.	○		
Ich kann sagen, ob ich mein Lesen durch Üben verbessern konnte.	○		
Ich kann sagen, welche Bücher ich gerne lese.	○		

Lesen und verstehen

Leseverstehen entwickeln		Datum	Anmerkungen
Ich kann verschiedene Sorten von Sachtexten nutzen.	○		
Ich kann Textarten nach meinem Interesse auswählen.	○		
Ich kann Vorstellungswelten zu Texten entwickeln.	○		
Ich kenne Autorinnen und Autoren von Kinderbüchern.	○		
Ich kann über den Inhalt von Büchern sprechen.	○		
Ich kann zu Geschichten und Gedichten malen und gestalten.	○		
Ich kenne unterschiedliche Medien.	○		
Ich kann Informationen in Medien suchen.	○		
Ich kann über meine Erfahrungen mit Medien sprechen.	○		

Lesen und verstehen

Texterschließungsstrategien kennen und anwenden		Datum	Anmerkungen
Ich kenne Überschriften, Zeilen, Abschnitte und Kapitel von Texten.	○		
Ich kann Informationen in Texten finden.	○		
Ich kann nachfragen, wenn ich etwas nicht verstehe.	○		
Ich kann nachlesen und Wörter nachschlagen, wenn ich etwas nicht verstehe.	○		
Ich kann mich in einem Text orientieren.	○		
Ich kann Überschriften und Bilder nutzen.	○		
Ich kann Vermutungen zum Inhalt eines Textes formulieren.	○		
Ich kann unbekannte Wörter in einem Text klären.	○		
Ich kann auf W-Fragen zu einem Text Antworten finden.	○		
Ich kann Schlüsselwörter in einem Text finden.	○		

Texte präsentieren		Datum	Anmerkungen
Ich kann Texte betont vorlesen.	○		
Ich kann Texte auswendig vortragen.	○		
Ich kann mit anderen Kindern zusammen Texte vortragen.	○		
Ich kann ein Kinderbuch aussuchen und anderen vorstellen.	○		
Ich kann mit meinem Gesicht und meinem Körper etwas ausdrücken.	○		
Ich kann zu einem Text musizieren und mich dazu bewegen.	○		
Ich kann zu Texten spielen und bei einer Aufführung mitwirken.	○		

Jetzt bist du schon ein Leseprofi.

Lesen und verstehen

Das kann ich schon

Seite 2	Miteinander	mich in Texten und Büchern zurechtfinden	○ ○ ○
Seite 4	Im Herbst	einen Sachtext verstehen und Bilder nutzen	○ ○ ○
Seite 6	Tiere	Schaubilder lesen	○ ○ ○
Seite 8	Das bin ich	meine Meinung aufschreiben	○ ○ ○
Seite 10	Im Frühling	ein Spielstück lesen	○ ○ ○
Seite 12	Alle nutzen Medien	Fragen zu Texten beantworten	○ ○ ○
Seite 14	Im Sommer	Gefühle verstehen	○ ○ ○
Seite 16	Wir lesen Bücher	Informationen über einen Autor finden	○ ○ ○
Seite 18	Wir lesen Bücher	meine Lieblingsbücher benennen	○ ○ ○

Jo-Jo Lesebuch 2 Lernspurenheft
Redaktion: Hannah Feyen
Illustrationen von Thorsten Droessler, Pe Grigo, Imke Sönnichsen
Gesamtgestaltung und technische Umsetzung: Reemers Publishing Services GmbH

Dieses Heft ist Bestandteil des Jo-Jo Lesebuches 2 (ISBN 978-3-464-80725-5) und nicht einzeln bestellbar. Es kann im 10er-Pack nachbestellt werden (ISBN 978-3-464-81337-9).